Novotny

Die 77 besten Tipps für einen flachen Bauch

Die Autorin

Dr. med. Ulrike Novotny arbeitete zunächst als Ärztin in der Klinik. Als Mutter zweier Kinder tauschte sie den weißen Kittel gegen den heimischen Schreibtisch und veröffentlichte seitdem zahlreiche Bücher, Zeitschriften- und Internetbeiträge, vorwiegend zu den Themen Naturheilverfahren, Ernährung, Frauen, Kinder und Fitness.

Dr. med. Ulrike Novotny

Die 77 besten Tipps für einen flachen Bauch

TRIAS

Leserservice:

Wenn Sie Fragen oder Anregungen zu diesem Buch haben, schreiben Sie uns:
TRIAS Verlag
Postfach 301107
70451 Stuttgart
oder schicken Sie uns eine E-Mail:
trias.lektorat@thieme.de

Umschlaggestaltung:
Cyclus · Visuelle Kommunikation, Stuttgart

Lektorat:
Dr. Verena Drebing

Textzeichnungen:
Claudia Arend, Berlin

Bildnachweis:
Cover: Tony Stone; Norbert Reismann: S. 3, 80, 84, 95; Photo Alto: S. 11, 14, 25, 30, 32, 35, 40, 66, 70, 92; Photo Disc: S. 17, 19, 22, 38, 48, 86; MEV: S. 28, 44, 87; Health and Medicine: S. 88, 91

Die Deutsche Bibliothek – CIP-Einheitsaufnahme
Ein Titeldatensatz für diese Publikation ist bei der Deutschen Bibliothek erhältlich.

Dieses Buch wurde in der neuen deutschen Rechtschreibung verfasst.

Rüdigerstraße 14,
D-70469 Stuttgart
Printed in Germany
Satz: Fotosatz H. Buck, Kumhausen
Druck: Druckhaus Beltz, Hemsbach

ISBN 3-89373-556-9 2 3 4 5 6

Weg mit dem Bauch – mit Vernunft

Sie haben gute Gründe, mit einem schönen, flachen Bauch zu liebäugeln. Da ist nun mal die Idee von der Attraktivität und der schöneren Figur. Aber auch als Ärztin freue ich mich, wenn Sie sich um eine hübsche Nabelgegend bemühen, denn sie bekommt Ihnen in gesundheitlicher Hinsicht mehrfach gut:

- eine straffe Bauchmuskulatur entlastet den Rücken. Rückenprobleme haben sich heute zu einer ernsten Gesundheitsproblematik ausgewachsen, der Sie mit einem Bikini-Bauch vorbeugen;
- Sie können mehr essen, wenn Ihre Figur gut in Schuss ist – ständiges Kasteien, der Gesundheit auf lange Frist wirklich abträglich, können Sie daher vergessen;
- einen flachen Bauch hat nur, wer sich auch einer gesunden Verdauung erfreut. Wenn Sie der Optik zuliebe auf verdauungsfreundlicheres Essen umschalten, ist das ein Plus für die Gesundheit des gesamten Körpers;
- eine gute Haltung, die Ihren Bauch in Sekundenschnelle von der Bildfläche verschwinden lässt, wirkt sich auch auf die Atmung günstig aus, die wiederum die Sauerstoffversorgung im Gewebe nachhaltig verbessert;
- ein gesunder, von der umgebenden Muskulatur massierter Darm wirkt sich auch auf seine Nachbarschaftsorgane positiv aus. Bei der Frau werden zusätzlich Gebärmutter und Eierstöcke beeinflusst, sodass Periodenbeschwerden gebessert oder verhindert werden.

Die nachfolgenden 77 Tipps verraten Ihnen, was Sie alles für einen flachen Bauch und ein besseres Aussehen tun können. Dabei gibt es weder Verbote noch Verpflichtungen, weder strikte Diäten noch rigorose Gymnastik-Programme (à la »ein flacher Bauch in fünf Tagen – nur zweimal 180 Minuten Gymnastik täglich«). Gerade die Verhältnisse im Darm und die Bauchmuskulatur sind so plastisch und flexibel, dass es überhaupt keinen Sinn macht, sich unter verzweifelter Aufbietung der letzten Disziplinreserven innerhalb eines bestimmten Zeitrahmens auf dünn trimmen zu wollen. Denn wenn Sie so ein Programm wieder beenden, weil es einfach von Ihrem Alltag zu weit entfernt ist, hängt bald alles wieder so schlapp wie eh und je.

Machen Sie sich klar, dass »der Bauch« dehnbar sein muss, denn 2,5 Liter Getränk und ein erkleckliches Volumen an Brot, Salaten, Obst usw. müssen täglich ihren Platz darin finden. Noch dazu muss bei Frauen die Möglichkeit gegeben sein, ein werdendes Kind unterzubringen. So flexibel der Bauch in die eine Richtung ist – immer größer zu werden – so gut lässt er sich auch in die umgekehrte Richtung trimmen. Und wenn der ganz normale Alltag mit einer »bauchfreundlichen« Lebensweise konform geht, braucht man kein tägliches Workout und keine Dauerdiäten (mit Dauer-Diätsünden und Dauer-schlechtem Gewissen).

Der Lohn für eine schmale Taille

Die Umfrage einer bekannten Frauenzeitschrift befasste sich mit der Frage, welche Figur sich Deutschlands Frauen wünschen. Noch vor »schöner Busen« (26 %) gaben die Vertreterinnen des schöneren Geschlechts an: »einen flachen Bauch« (49 %) und »eine schmale Taille« (38 %). Das kommt daher, dass Frauen klug sind. Sie kennen instinktiv das biologische Gesetz, demzufolge Männer die Attraktivität einer Frau (ebenfalls instinktiv) nach dem optischen Verhältnis von Taille zu Hüfte einschätzen. Ideal ist eine schlanke, aber nicht übertrieben dünne Taille, kombiniert mit einer deutlich weiblichen Hüftrundung. Das signalisiert dem Mann fruchtbar (typisch weibliche Hüfte), aber nicht schwanger (schlanke Taille, flacher Bauch) = ideal für mich.

Bevor Sie daran gehen, sich schöner zu modellieren, sollten Sie sich jedoch einige Gedanken machen, woher Ihr Bäuchlein

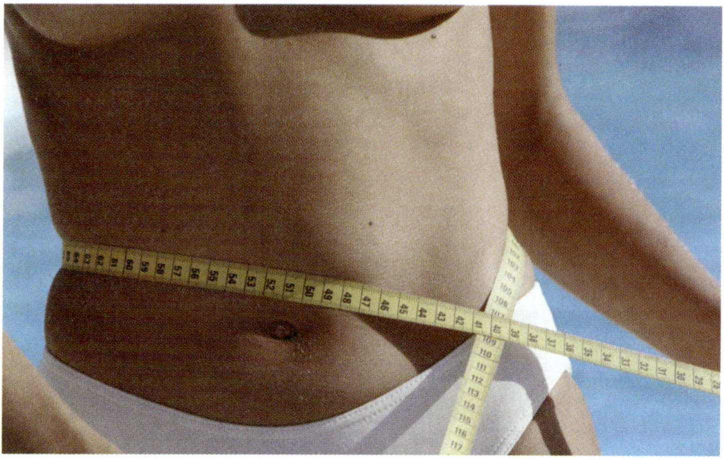

Denken Sie bei Ihrem Taillenumfang nicht an Misswahlen, sondern an Fitness und Ihr Wohlfühlgewicht!

kommt. Je genauer Sie das herausfinden, desto gezielter können Sie vorgehen und desto schneller sehen Sie Erfolge.

Sind Sie eigentlich recht schlank, nur eine runde Kugel trübt das allgemeine Bild und strapaziert den Reißverschluss? Dann können (und sollen!) Sie die Tipps zur Gewichtsabnahme überblättern. Sie würden abnehmen, aber bestimmt nicht am Bauch, sondern dort, wo Sie es nicht wünschen – Sie kriegen hohle Wangen, einen platten Busen oder Storchenbeine, und die Kugel steht umso ärgerlicher hervor. Eher kommen Sie mit den Tipps zur Verdauung klar. Vermutlich leiden Sie an Verstopfung, Blähungen oder dem Gefühl, plötzlich wie eine aufgetriebene Tonne herumzulaufen, vor allem um die Periode herum. Zusätzlich kann hier auch ein wenig Gymnastik nicht schaden.

Sind Sie eher normal- als übergewichtig, aber die Bauchpartie hängt hoffnungslos der Schwerkraft folgend nach unten? Kommen eventuell Beschwerden wie Harndrang beim Husten, Niesen und Lachen hinzu, die auf eine Beckenbodenschwäche hinweisen? Dann ist es vor allem sinnvoll, die Muskulatur zu kräftigen und zu straffen. Um die Ernährung brauchen Sie sich hier erst in zweiter Linie zu kümmern. Der muskelschwache Bauch findet sich bei Müttern, die mehrfach entbunden haben, häufiger auch nach Bauchoperationen und bei allgemein wenig Trainierten. Es existiert allerdings keinerlei Gesetz, dass die Geburt eines oder mehrerer Kinder zu einem unschönen Bauch führen muss. Muskeln lassen sich sogar im 8. und 9. Lebensjahrzehnt noch messbar trainieren. Dort, wo Sie junge Mütter versammelt finden, sehen Sie auch immer einige, die wirklich wieder rank und schlank sind (natürlich nicht drei Wochen nach der Geburt – haben Sie etwas Geduld!). Nach Bauchoperationen verhindern anfangs Schmerzen ein Muskeltraining. Nach abgeschlossener Heilung tun Sie sich einen großen Gefallen, wenn Sie Ihr Muskelkorsett gezielt wieder in Form bringen.

Schließlich kann man auch einen Bauch und gleichzeitig Übergewicht haben. Vor allem bei Männern sind Hüften, Arme und Beine dennoch oft relativ schlank, sodass der Körperstamm das Bild eines Apfels abgibt. Der Großteil des Fettgewebes sammelt sich als Rettungsring um den Leibesäquator. Bei Frauen sieht man in erster Linie den Birnentyp: hier verteilt sich das Fett gleichmäßiger über Hüften, Oberschenkel und Taille. Beim Apfeltyp ist es ganz besonders sinnvoll, sich um das Abnehmen zu kümmern, weil Fett in der Leibesmitte eher mit krankmachenden Stoffwechselstörungen einhergeht als das Fett des Birnentyps.

Meistens werden verschiedene der genannten Gründe zusammentreffen, wenn sich das Bäuchlein von der Idealform entfernt. Dann picken Sie sich aus den unterschiedlichen Bereichen zunächst nur einzelne Tipps heraus. Versuchen Sie nicht, alle Ratschläge auf einmal zu befolgen, sondern probieren Sie eher, mit kleinen, aber konsequenten Schritten zum Erfolg zu kommen. Im abschließenden Kapitel erfahren Sie, ob es nicht auch einen einfacheren Weg gibt (wenn man nur genug Geld aufwendet).

Bei allen Ratschlägen geht es um gesunde Körperformen, nicht um Perfektion. Sie haben Ihre ganz individuelle Figur mit auf die Welt bekommen, die Sie nur im naturgegebenen Rahmen verändern können. Deshalb erhalten Sie auch Ratschläge, wie Sie sich mit einer eher rubensförmigen Figur arrangieren und dabei glücklich sind. Gegen das Einschnüren in Korsetts, die vorgegaukelte Zerbrechlichkeit und das ständige In-Ohnmacht-Sinken haben unsere Ahninnen zu Recht gekämpft, und ihnen wollen wir doch jetzt nicht in den Rücken fallen, oder?

Die folgende Übersicht zeigt Ihnen noch einmal die Gründe für eine unzufriedenstellende Silhouette und gibt Ihnen einen Wegweiser vor, welche Tipps für Sie in Frage kommen.

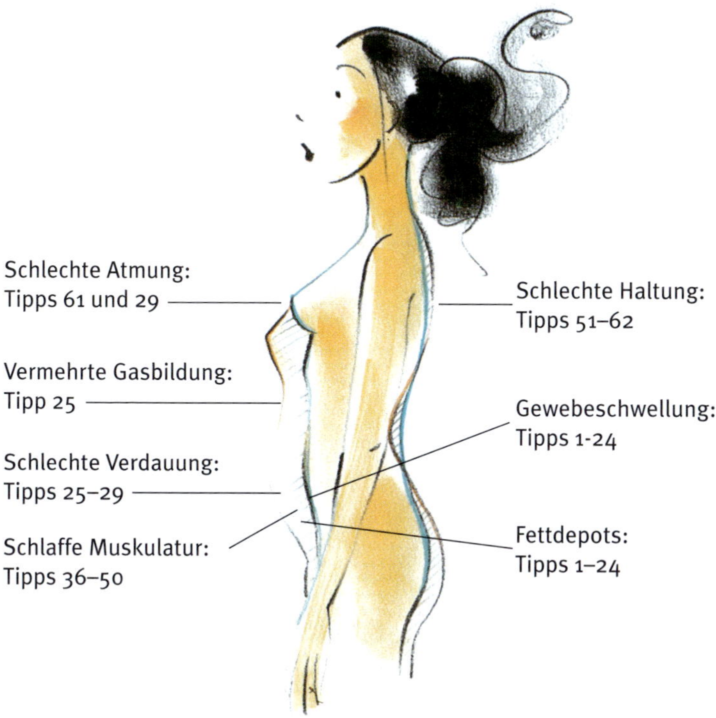

Ernährung – das »A« und »O«

In diesem Kapitel finden Sie zu drei Themen, die rund um den Bauch interessieren, etliche Tipps:

- Abnehmen (Tipps 1–24)
- Verdauung ankurbeln, Verstopfung beseitigen (Tipps 25–29)
- Eingelagerte Flüssigkeit ausschwemmen (Tipps 30–35)

TIPP 1 Ernährung und Bewegung – das optimale Gespann

Sämtliche Bemühungen, die Ernährung so zu verändern, dass Sie die Depots für Notzeiten (denn das ist eigentlich unser Fett!) einschmelzen, funktionieren am besten, wenn Sie zusätzlich genügend Bewegung haben. Denn:

- Wenn Sie sich bewegen, steigern Sie den Energieumsatz und auch den so genannten Grundumsatz, also den Energieverbrauch in Ruhe. Sie haben dann einen höheren Kalorienverbrauch bei geringerem Angebot = doppelter Effekt.
- Wenn Sie weniger essen, schmilzt der Körper alles ein, was ihm überflüssig und zur Energiegewinnung geeignet erscheint. Das sind Stärke- und Fettvorräte in der Leber, Eiweiß und – erst nach reiflicher Überlegung sozusagen – Fett. Eiweiß wollen Sie aber nicht verlieren. Benutzen Sie daher Ihre Muskeln, denn dann werden sie nicht abgebaut, der Körper hält sich gleich an Fett.
- Muskeln können Fettsäuren für die Energiegewinnung verbrennen, deshalb wird bei vermehrter Bewegung mehr Fett verfeuert. Allerdings funktioniert das nur, wenn Sie sich nicht zu stark belasten und mäßig trainieren. Der Herzschlag sollte 130–140 pro Minute nicht übersteigen, dafür sollten Sie aber auch mindestens 20 Minuten trainieren. Dann klappt es mit der Fettbeseitigung am besten.
- Muskeln brauchen mehr Energie als Fettgewebe, selbst in Ruhe. Deshalb ist es für das Abnehmen günstig, mehr Muskeln als Fett zu haben – ein weiterer Pluspunkt für etwas Antiträgheit.
- Aus gut durchblutetem Gewebe kann sich der Körper besonders gut Nährstoffe holen, sodass bei regelmäßiger Bauchgymnastik dann auch besonders hier das Fettgewebe zum Verschwinden neigt.

- Wenn Sie abgenommen haben, hortet der Körper hinterher ganz besonders gut alle Kalorien, die den Bedarf übersteigen. Er merkt, dass ihm von Zeit zu Zeit Hungerzeiten drohen und steckt Kalorien nach dem Diät-Erlebnis bevorzugt in Fett, also minderwertiges Gewebe. Mit regelmäßigem Training, das Sie auch über die Magerzeit hinaus betreiben, verhindern Sie diesen Jojo-Effekt.

TIPP 2 Kalorienfalle Getränke

Ein Glas (250 ml) Apfelsaft, Limonade oder Cola enthält 30 Gramm Zucker, entsprechend 120 Kalorien. Der Zucker führt in der Regel zu noch mehr Durst, sodass Sie noch ein Glas trinken. Der Sättigungseffekt von Getränken indessen tendiert gegen Null, trotz der vielen Kalorien. Hier versteckt sich also eine gute Kalorien-Einsparmöglichkeit, die sich nicht auf die Sättigung auswirkt. Trinken Sie am besten keine zuckerreichen Getränke mehr, wenn Sie abnehmen wollen. Wenn Apfelsaft, dann löscht den Durst am besten eine Mischung aus ⅓ Saft und ⅔ (Mineral)Wasser, denn bei diesem Verhältnis aus Wasser und Zucker wird die Flüssigkeit am schnellsten resorbiert.

Trinken Sie viel, aber kalorienbewusst!

TIPP 3 Wenig Geistreiches, bitte!

Hiermit ist allerdings ausschließlich Alkoholisches gemeint. Auch Alkoholika sind Kalorienbomben – ein Vergleich: 1g Fett liefern 9 kcal, 1 g Alkohol 7 kcal, 1 g Eiweiß oder Kohlenhydrate je 4 kcal.

Alkohol ist der einzige Energielieferant, der bereits im Magen ins Blut aufgenommen wird, und Alkoholkalorien werden ganz bevorzugt in Fettgewebe umgewandelt! Die besten Dickmacher überhaupt sind Alkohol-Pralinen, also die Mixtur Zucker-Alkohol. Sie wandern auf kürzestem Weg genau auf Ihren Bauch, garantiert!

TIPP 4 Obst – lieber fest als flüssig

Schaffen Sie es, acht Orangen auf einmal zu essen? Ich bin skeptisch. Aber zwei Gläser Orangensaft (400 ml) bewältigen Sie, oder? In beiden Fällen haben Sie gleich viele Kalorien. Mit Äpfeln oder Trauben verhält es sich entsprechend – die Menge Obst, aus der der Inhalt eines Glases Saft gemacht ist, schafft man kaum zu essen. Zitrusfrüchte sind allerdings ganz besonders gute Sattmacher und sorgen mit ihren Faserstoffen und der Obstsäure für gesunde Verhältnisse im Darm.

Essen Sie also lieber Obst, statt den Saft zu trinken. Der Sättigungseffekt ist weitaus höher! Industriell ausgepresster Saft ist zudem nicht so wertvoll und eventuell sogar noch mit Schadstoffen belastet.

TIPP 5 Lassen Sie's den Biorhythmus regeln

Manchmal setzt man sich tagelang auf Magerkost und nimmt einfach nicht ab. Manchmal genießt man, wie's kommt, und trotzdem spannen die Hosen auf einmal weniger. Was ist los?

Der Biorhythmus, also die innere Uhr, spielt bei allen Prozessen im Organismus eine Rolle. Er steuert die Hormone, den Zuckerspiegel, den Herzschlag, eben alle periodischen Vorgänge im Körper wesentlich mit. Die innere Uhr erreicht, dass Sie sich Schlafpausen gönnen, dass morgens ein höherer Zuckerspiegel für Aktivitäten zur Verfügung steht als nachts, dass morgens auch der Blutdruck steigt, dass Ihre monatliche Regel halbwegs geordnet abläuft, aber auch, dass Sie im Frühling aktiver und im Winter gemütlicher werden. Äußere Taktgeber wie das Sonnenlicht spielen dabei eine Rolle.

Die Wissenschaft der Chronobiologie bestätigt jahrtausende alte Erfahrungen.

Im Frühjahr und im Sommer ist es aufgrund des Biorhythmus viel leichter abzunehmen als in Herbst und Winter. Mit einer Frühjahrs-Diät erreichen Sie schnellere Erfolge als mit exakt der gleichen Diät, im Dezember durchgeführt. Das Verlangen nach Schwerem und Fettem ist in der helleren Jahreszeit deutlich vermindert. Über die Netzhaut und eine vom Sehnerven unabhängige Nervenbahn zum Zwischenhirn (dem Sitz der biologischen Uhr und der hormonellen Steuerung) stoppt das Sonnenlicht die Produktion von

Melatonin. Dadurch steigt u.a. der Spiegel des Glückshormons Serotonin, der Stoffwechsel wird angekurbelt. Sie versuchten unbewusst sicher schon öfters, sich selbst zu einem hohen Serotoninspiegel zu verhelfen: indem Sie ein Gläschen Prosecco oder anderen Alkohol genossen oder die leckere Kombination »süß & fett« (Croissant, vielleicht noch mit Marmelade), die bewirkt, dass die Nervenzellen besonders schnell in Serotonin baden.

Ganz normales Licht ist kalorienfrei und hat einen sehr ähnlichen Effekt. Im Sommer lautet ein Schlankheitsrezept also: viel ins Freie gehen (guten Sonnenschutz nicht vergessen) und im Winter: Festbeleuchtung anschalten. Sie müssen weniger essen!

TIPP 6 Die verflixten Hormone

Diäten sind immer Frust. Den könnten Sie noch auf die Spitze treiben, wenn Sie eine Diät wenige Tage vor Ihrer Regelblutung anfangen. Da nehmen nämlich die meisten Frauen zu. Der Löwenanteil dieser Gewichtszunahme geht zwar auf Flüssigkeit (eingelagert durch die Wirkung der Östrogene), aber das weiß ja Ihre Waage nicht.

Sobald die Blutung eingesetzt hat, wird vermehrt Flüssigkeit ausgeschieden. Nun ist der optimale Zeitpunkt, das Diäteln anzufangen, denn wenn man sich schon einigen Spaß verkneift, muss doch wenigstens die Waage einen erfreulichen Anblick bieten.

TIPP 7 Industrie? Danke, nie!

Industriell hergestellte Fertiggerichte sind toll, denn Sie ersparen gewieften Lebenskünstlern eine Menge langweiliger Schnippelei und vermindern das Risiko, beim Kochen Krampfadern zu kriegen (Sie wissen, die viele Steherei ...). Aber: Fertiges ist in aller Regel fett- und salzreich. Sogar, wenn es sich um Gemüsegerichte handelt. Schlecht für Ihre Rettungsringe. Die superpraktischen Milchprodukte aus dem Kühlregal haben auch einen Schönheitsfehler, denn bei ihnen wird der sehr preiswerte Füllstoff Zucker verwendet (Sie lesen richtig: »Füllstoff«. Gips schmeckt nicht, sonst würde er möglicherweise – weil noch billiger – stattdessen verwendet). Wenn Sie nicht regelmäßig mit einzelnen Joghurtbechern zum Recyclinghof joggen, dann rate ich, industriell hergestellte Lebensmittel möglichst im Supermarkt zu lassen, wenn Sie Fett abbauen wollen. Kaufen Sie sich stattdessen ein paar Kochbücher über die schnelle Küche. Da gibt es viele Gerichte, die sich ebenso schnell wie Fertigkost, dafür aber kalorienärmer zubereiten lassen. Oder bereiten Sie sich Ihre eigenen »Fertiggerichte« zu, die Sie in der Tiefkühltruhe einfrieren.

TIPP 8 Kaloriensparen schon beim Kochen

- Kaufen Sie sich einen Backpinsel und pinseln Sie Ihre Bratpfannen ab heute mit Fett aus, statt es frei aus dem Ärmel hineinzuschütten.
- Der Römertopf hat mehrere Vorteile: Sie brauchen kein Extrafett für die Zubereitung der Speisen, und die Gerichte nehmen es Ihnen nicht sehr krumm, wenn sie fünf Minuten zu wenig oder 20 Minuten zu lange darin schmoren müssen. Römertopf-Garen ist allerdings keine Schnellküche!
- Befassen Sie sich einmal damit, wie viel Fett in welchem Nahrungsmittel versteckt ist (siehe Tabelle, Tipp 9). Erdnüsse bestehen zur Hälfte aus Fett – wussten Sie's? Kaufen Sie diejenigen Fettverstecke, die zu Ihren Lieblingsspeisen gehören, weniger oft. In einer fettreduzierten Variante schmecken Sie Ihnen vielleicht nicht, aber versuchen Sie, auf den Geschmack pfiffiger Kräuter-Würzkunst zu kommen, zuungunsten des leckeren Geschmacks nach triefig-Fettem.

- Bitte keinen Süßstoff! Er ist so ungemein gut für das Zunehmen geeignet, dass er laut Grimm (»Die Suppe lügt«) zur Schweinemast verwendet wird. Süß weckt einfach den Appetit, egal ob kalorienhaltiger Zucker oder »unverfänglicher« Süßstoff.

Schokoriegel? Etwas Gesundes geht auch schnell.

- Kaffeetrinker sind gewichtiger als Teetrinker. Eine Erklärung kann darin bestehen, dass Kaffee den Insulinspiegel hochtreibt, ebenso wie Zucker. Insulin schleust Zucker in die Zellen ein, besonders gern in Fettzellen, die daraus auch sofort Fett produzieren. Ist aber kein Zucker vorhanden, weil Kaffee allein ja nicht süß ist, dann sinkt der Blutzuckerspiegel – Sie bekommen Hunger. Auf diese Art essen Kaffeetrinker möglicherweise mehr. Außerdem regen die Bitterstoffe im Türkentrank die Verdauungsdrüsen an, und die schreien dann ebenfalls nach Arbeit. Und dann noch die Kaffeesahne!
- Tee enthält zwar auch Coffein, aber das wird viel langsamer freigesetzt und kann daher nicht die appetitsteigernde Insulin-Spitze auslösen.

TIPP 9 Achtung, Fettfalle!

Der tägliche Fettbedarf liegt im Durchschnitt bei 70 g (Männer 80 g, Frauen 60 g). Zum Vergleich: Eine Portion Bratwurst mit Pommes frites und Mayonnaise kommt mit 90 g daher!

Tab. 1: Fettgehalt ausgewählter Nahrungsmittel, Angaben gerundet

Nahrungsmittel	Fettgehalt in g pro 100 g	Fettgehalt in % der Trockenmasse
Käse		
Butterkäse 60 % i. Tr.	34	60
Appenzeller 50 % i. Tr.	31,6	50
Bergkäse 45 %	30	45
Fleisch- und Wurstwaren		
Schweinefleisch (Muskelfleisch)	2	8
Rindfleisch (Muskelfleisch)	2	7
Bratwurst	29	75
Frankfurter	25	62
Gelbwurst	27	73
Mettwurst	37	72
Süßwaren		
Nusskuchen	24	32
Mandelmakronen	24	38
Sahnetorte	25	42
Schoko-Müsli	12	14
Nuss-Nougat-Creme als Brotaufstrich	ca. 40	40
Marzipan	25	30
Vollmilchschokolade	30	32
Eiscreme	10	36
Erdnüsse	50	58
Haselnüsse	61	81
Kokosnuss	36	84
Fertiggerichte		
Rahmgemüse (Fertigprodukt)	9	34
Pizza-Baguette	28	44
Kartoffelchips	40	44
Salatsoße mit Joghurt	15	68

TIPP 10 Für Couch-Potatoes

Drei Dinge braucht die Sofakartoffel: gepolsterte Lagerstatt, Chips und Fernbedienung. Gehören Sie dazu? Machen Sie TV-Fasten, schalten Sie Ihr Kabel ab. Komplett. Unternehmen Sie stattdessen etwas. Gucken können Sie auch im Fitnessstudio, da sehen Sie interessante Typen. Oder Sie reparieren endlich einmal alles, was seit Jahren anfiel, lesen sich Steuertipps durch und entdecken, wo Sie sparen können (für ein eigenes Trimmrad, damit Sie demnächst den Fernseher wieder anstellen können), oder planen eine Reise. Alles, wozu Sie keine Zeit hatten, erledigen Sie in der eingesparten Fernsehzeit. Hauptsache, Sie haben Mund und Hände nicht frei, um mit Brezelchen, Sticks und Kartoffelscheiben zu hantieren.

TIPP 11 Woher haben Sie Ihre Kalorien?

Ich esse doch fast nichts – woher ist mir nur dieser Bauch gewachsen?

- Erstens: mit steigendem Alter brauchen Sie einen immer niedrigeren Grundumsatz. Wenn Sie also zwischen 20 und 80 immer gleich essen, nehmen Sie langsam, aber sicher zu.
- Zweitens: wahrscheinlich bewegen Sie sich auch immer weniger. Wo Sie früher noch mit dem Fahrrad fuhren, werfen Sie sich heute rasch ins Auto. Sie sind auch von der Psyche her »gesetzter« – mit steigender Lebenserfahrung gewinnen Sie Ruhe (und sparen also Kalorien).
- Drittens: Seien Sie einmal mindestens eine Woche lang unbestechlich und schreiben Sie alles auf, was Sie essen und trinken und knabbern und snacken. Alles. Dann rechnen Sie sich mithilfe einer Kalorientabelle aus, wie viele Kalorien das sind. Bestimmt mindestens 300 mehr, als Sie dachten. Inzwi-

schen gibt es Computerprogramme, die Ihnen das Rechnen ersparen, oder Sie lassen sich im Internet ausrechnen, wie Ihre Kalorienbilanz aussieht *(Adresse, Stand Zeitpunkt der Drucklegung,* z.B.: http://www.uni.hohenheim.de/wwwin140/info/info.htm).

Ab heute gibt's noch einen Grund mehr zum Zähneputzen.

TIPP 12 Zeigen Sie Zähne

Nach dem Essen Zähne putzen – Sie wissen doch? Machen Sie das von jetzt ab nicht nur Ihrem strahlenden Lächeln zuliebe, sondern auch zum Abnehmen. Wenn Sie sofort nach dem Essen die Zähne putzen, überlegen Sie sich den schnellen Snack zweimal. Und zudem schmeckt er nicht besonders, wenn Sie eine Paste mit üppigem Pfefferminzgeschmack nehmen.

TIPP 13 Blau, damit der Appetit blau macht

Farben wirken sich auf die Stimmung und die zentrale Regulation aus, jeder weiß es. Und jeder weiß auch, dass das Auge mitisst. Das können Sie sich zunutze machen: Essen von blauen Tellern sättigt sehr viel schneller als von edel-weißem Porzellan! Das kommt daher, dass Blau dämpft und beruhigt, vermutlich auch den Appetit. Sie können Blau auch für Ihr Getränk ausnutzen: Ein Tee aus einer blauen Tasse soll beruhigen.

TIPP 14 Bloß keine Diät!

Diäten machen dick. Etwas präziser muss ich allerdings werden, sonst ruiniere ich die Arbeit hunderttausender von Kolleginnen und Kollegen, die ihren Patienten aus gutem Grund zu einer Diät raten.

Gemeint sind Crash-Kuren, Blitz- und Wunderdiäten. Natürlich habe ich selbst auch schon welche gemacht. Aber: Sie sind immer einseitig, oft unnatürlich und konterkarieren die Gegebenheiten im Körper. Die eine Kur verschlägt Ihnen den Appetit, weil das Getreide-Gel einfach zu sehr wie aufgeweichte Kleintierstreu aussieht. Die andere krempelt den Stoffwechsel so stark um, dass der Körper »akute Krankheit« signalisiert, und bei Krankheiten wird als Erstes der Appetit gedrosselt. Die dritte schwemmt überwiegend Wasser aus, was gar nicht schlimm ist, aber Sie denken womöglich, das Minus auf der Waage käme von abgebautem Fett und gönnen sich anschließend – als Kompensation und da Ihr »Fettdepot« ja geleert scheint – eine doppelte Portion Schlagsahne.

Alle Reduktionsdiäten bieten einen verminderten Energiegehalt. Das lebendige Netzwerk von Regelkreisen im Organismus ist jedoch äußerst flexibel. Wird deutlich weniger Nahrung zugeführt, dann wird der Körper ökonomischer bewirtschaftet. Der Blutdruck wird etwas gedrosselt (Schwindel, Müdigkeit, Kreislaufprobleme), die »Heizung« herunter geschaltet (Sie frieren leichter), die Bereitschaft, etwas Essbares aufzutreiben, dagegen erhöht (Aggressivität, verschlechterte Laune). Der Körper stellt sich darauf ein, mit weniger auszukommen. Nehmen wir aber an, Sie wählen eine gesunde Reduktionsdiät mit nicht weniger als 1000 Kalorien täglich und bewegen sich, wie oben empfohlen. Selbstverständlich wird nun Fett eingeschmolzen. Klappt alles bestens, bis Sie wieder normal essen. Jetzt müssten Sie Ihr erreichtes Gewicht halten. Stattdessen nehmen Sie wieder zu und wiegen am Ende mehr als vor der Diät. Denn nun arbeitet der Körper ökonomischer, er braucht für die gleiche Leistung also weniger als vorher! Häufige Diäten steigern so die Bereitschaft, dicker zu werden.

Fettgewebe ist vor allem für Frauen biologisch sehr wichtig, um über Schwangerschaften und Stillzeiten zu kommen. Deshalb wachen Kontrollinstanzen in Gewebe und Gehirn darüber, dass genug Fett vorhanden ist. Ein Botenstoff, Leptin, übermittelt der Schaltstelle im Gehirn, wie viel Fettgewebe vorhanden ist. Sinkt der Leptinspiegel, weil Fett verschwindet, ergreift der Körper Gegenmaßnahmen. Und während er im schönsten Gegensteuern ist, fangen Sie wieder an, normal zu essen. Je öfter Sie eine Crash-Kur machen, desto dringlicher erscheint es Ihrem Körper, für diese wiederkehrenden Notzeiten vorzubeugen, und umso interessierter zeigt sich das Fettgewebe an sämtlichen vorbeischauenden Kalorien! Darum also: Diät macht dick.

TIPP 15 Heraus aus dem Teufelskreis

Ein weiterer Punkt: Fangen Sie erst einmal an, sich im Zusammenhang mit einer Diät mit Kalorienzählen zu befassen, verstricken Sie sich in ein endloses Labyrinth an Gewicht kontrollieren, Nahrung kontrollieren, Gedanken kontrollieren, nur noch ans Essen denken, ständig Hunger haben, Diät-Ausrutscher, Frust, weiterer Hunger, Gewichtszunahme nach der Diät – so geht es endlos weiter. Deshalb finden Sie hier nur Tipps, die nichts mit irgend einer bestimmten Diät zu tun haben. Achten Sie vielmehr auf die Signale Ihres Körpers.

Noch ein paar Tatsachen zum Schlankheitswahn: Die Gruppe der 19- bis 35-jährigen Frauen ist in Deutschland der am schlechtesten ernährte Personenkreis. Die jungen Frauen kontrollieren ihre Kalorienaufnahme, bekommen dabei aber zu wenig Nährstoffe. Fett beispielsweise wird für Nerven und Hormone benötigt, Spurenelemente und Vitamine für Verdauungsprozesse. Cholesterin ist nicht nur ein »Schadstoff«, sondern wird im Körper bei vielen Prozessen benötigt und schützt sogar vor Sauerstoffradikalen, sehr aggressiven Molekülen. Und: Leicht Übergewichtige erreichen gesünder ein hohes Alter als Untergewichtige.

TIPP 16 Etwas Hintergrundwissen: Was satt macht

Wie kommt das Sättigungsgefühl zustande?

- Durch die Magenfüllung. Essen Sie vor der Hauptmahlzeit einen Salat oder eine Suppe – mit wenig Salz, dafür umso mehr Kräutern. Das ist gesund und sättigt schon einmal vor.
- Durch Fett, sagen Experimente. Glaube ich nicht, sage ich. Denn schmeckt das fette Essen oberköstlich und ist es nicht allzu schwer verdaulich, dann überwiegt das »Wasser-im Mund-zusammenlaufen« und »Mehr-haben-wollen«. Vorsicht also vor der Sättigungsbremse Fett.

- Durch die Dauer des Essens. Und das ist ein weiterer kalorienloser Tipp: Essen Sie sehr langsam und kauen Sie ganz gründlich. Davon abgesehen, dass Sie sich dadurch den Hunger auf Fertiggerichte verderben (die überwürzt sind und nach maximal dreimal Kauen fade werden), dass Sie besser genießen und den Verdauungsprozess besser vorbereiten – Sie spüren auch wirklich rechtzeitig, dass Sie satt sind. Und dann hören Sie bitte tatsächlich auf.
- Geizen Sie mit Verdauungshilfen, es sei denn, Sie leiden an einer Krankheit, für die der Arzt so etwas verordnet. Wenn Sie

den Kräuterbitter regelmäßig brauchen, um das Essen überhaupt zu verdauen, haben Sie sämtliche »Ich bin satt«-Schilder rigoros niedergemäht. Natürlich findet alles, was Sie seit dem Gefühl der Sättigung noch gegessen haben, blitzartig den Weg in die Fettdepots. Der Verdauungsschnaps hilft dabei noch.

TIPP 17 GdH – SdD

Genieße die Hälfte. Hier bekommen Sie eine Abwandlung des üblichen FDH, die ich von der Krimiautorin Rita Mae Brown habe. Bereiten Sie Ihre Mahlzeit wie immer und legen Sie sich Ihre übliche Portion auf den Teller. Nun nehmen Sie sich genau die Hälfte davon auf einen zweiten Teller und stellen die erste Hälfte in den Kühlschrank. Genießen Sie Ihre halbe Portion, vermutlich sind Sie danach einigermaßen satt. Wenn nicht, überlegen Sie sich, was Sie mit der zweiten Hälfte machen. Vorschlag: In einer halben oder in einer Stunde in der Mikrowelle aufwärmen. Oder als Zwischenmahlzeit essen. Der Trick an der Sache: Die Realität zeigt, dass Sie später gar keinen Appetit mehr auf die wartende Hälfte haben. Oder Sie essen Sie so spät, dass Sie damit bereits wieder Ihr nächstes Hauptgericht abgedeckt haben.

Hinweis: SdD heißt Spüle das Doppelte. Aber das ist billiger als die meisten Wunderdiät-Pulver und Schlankheitsmittelchen.

TIPP 18 Haben Sie überhaupt Hunger?

Bevor Sie essen, sollten Sie sich in Zukunft regelmäßig fragen:

»Habe ich gerade Hunger – oder ist es vielleicht Durst?« Trinken Sie erst einmal etwas. Gar nicht so selten wird Durst mit Hunger verwechselt!

»Habe ich gerade Hunger – oder will ich ein anderes Bedürfnis befriedigen«? Das ist das typische Essen, obwohl man satt ist, oder sogar pappsatt, oder sogar so satt, dass man kaum noch ächzen kann. Sie haben dann »Hunger« nach Streicheleinheiten, nach Action, nach Geborgenheit oder nach ganz etwas anderem. Es lohnt sich sehr, das herauszufinden! Überlegen Sie einmal, wie viel Disziplin und Energie Sie in Diäten legen. Verwenden Sie diese Energie doch einmal darauf, herauszufinden, warum Sie ohne Hunger essen, was es eigentlich ist, das Ihnen fehlt. Wenn Sie an Übergewicht leiden, bitten Sie in dieser Hinsicht auch Ihren Arzt um Unterstützung!

Tut mir das jetzt gut? Oder wird es mich ärgern?

»Tut das, was ich gerade essen will, mir langfristig gut, bringt es mir wertvolle Substanz, oder belastet es mich auf die Dauer? Befriedigt es mich nur für Minuten?«

»Will ich eigentlich genau *das* essen, oder habe ich auf ganz etwas anderes Appetit?« Wenn Sie gerade auf Bratäpfel Hunger haben, aber Äpfel sind nicht im Haus, werden Sie weder vom Marzipan noch von den Lebkuchen, dem Rest Nusstorte oder dem Fürst-Pückler-Eis satt. Lassen Sie das Essen dann also lieber ganz.

TIPP 19 Nach Fünf nichts mehr essen

Bei den Leuten, die es konsequent für einige Zeit durchhalten, funktioniert es bestens, nach fünf Uhr nachmittags nichts mehr zu essen. Trinken dürfen Sie. Auch bei dieser Diät brauchen Sie sich nicht um Pläne und Einkaufslisten zu kümmern, Sie bereiten alles wie bisher. Allerdings klappt das erfahrungsgemäß nur bei denjenigen gut, die ein reichliches Frühstück als gute Grundlage für den Tag genießen und die ein ordentliches Mittagsmahl essen. Wer erst abends Zeit für seine Hauptmahlzeit hat, bei dem ist der Fünf-Uhr-Tipp kaum sinnvoll.

Der Grund für den Erfolg liegt darin, dass der Körper ab dem Nachmittag eher in der Ruhe- und Aufbauphase (Parasympathikus-Phase) ist, am Vormittag bis Mittag in der Aktionsphase (Sympathikus-Phase). Der Körper bildet in der ersten Tageshälfte mehr Wärme. Um fünf Uhr ist auch das Temperatur-Maximum, danach sinkt die Körpertemperatur. Was ab Nachmittags noch in die Scheune eingefahren wird, das wird nicht mehr für Aktivität, sondern für die Depots verwertet. Außerdem ist es schlechter verdaulich.

(Es gibt Wissenschaftler, die dieser Theorie widersprechen und die Südeuropäer als Beispiele anführen. Sie essen noch abends üppig und sind keineswegs behäbiger als wir. Allerdings halten sie lange Siesta und werden oft erst um vier oder fünf aktiv, bis lange in die Nacht.)

TIPP 20 Abends etwas Leichtes

Eine etwas weniger strenge Variante, die vor allem gegen einen geblähten Bauch hilft: Hier dürfen Sie zwar auch nach 17 Uhr noch essen, aber keine Rohkost (Obst, rohes Gemüse, Salat) mehr und nichts Schweres, Blähendes (Zwiebeln, Hülsenfrüchte). Der Salat am Abend wird für ein leichtes Gericht gehalten, stellt allerdings für den Verdauungsapparat eine härtere Nuss dar. Vor allem abends genossen führt er zur Gärung, die sogar so weit gehen kann, dass sie die Schlaftiefe beeinträchtigt!

TIPP 21 Abnehmen – nur mit gesunder Kost

Eine Nahrung, mit der Sie abnehmen, muss für eine längere Zeit durchzuhalten sein. Je gemächlicher Sie abnehmen, desto geringer ist die Gefahr des Jojo-Effektes. Nur anfangs nehmen Sie mit einer vernünftigen Diät mehr ab, dann sind es pro Woche nur etwa ein bis zwei Pfund. Gerade bei sehr starken Gewichtsabnahmen ist der Bauch eine Problemzone, weil er dann haltlos vor dem restlichen Körper schlackert. Eine moderate Abnahme verhindert, dass die Haut, mit dem Abbau des darunter liegenden Fettgewebes nicht Schritt halten kann.

Wer abnimmt, braucht viele Nährstoffe bei wenigen Kalorien.

Da Diäten das Risiko für einen Knochenschwund und für eine Mangelversorgung mit Vitaminen, Mineralstoffen und anderen wichtigen Stoffen birgt, ist es für eine Schlankheitskost wichtig, bei relativ niedrigem Kalorienangebot alle benötigten Stoffe zu liefern. Hier ist es tatsächlich am besten, Sie besorgen sich eine gute Anleitung mit großer Auswahl an Rezepten. Von Ärzten anerkannt ist die Brigitte-Diät, daneben gibt es die kalorienreduzierte Vollwertkost,

Diäten, die besonders Herzkrankheiten und Krebs vorbeugen oder eingetretene Herz- und Gefäßkrankheiten bessern. Ihr Arzt kann Ihnen weiterhelfen und Ihnen evtl. auch eine Ernährungsberaterin nennen oder eine Diätberatung anbieten. Auf dem Markt sind zwar auch andere Anbieter, deren Service Dinge umfasst wie das Ermitteln des Körperfettanteils u. Ä., aber hier sollten Sie sorgfältig prüfen, ob Sie für Fast-nichts-Essen mehr Geld ausgeben wollen als für Zu-viel-Essen. Wie viel Speck an Ihrem Bauch ist und wie viel Muskel, das sehen Sie außerdem ganz gut selbst.

Sehr nützlich ist allerdings das Abnehmen in einem Kreis Gleichgesinnter. Die Unterstützung durch eine Gruppe kann sehr wirkungsvoll sein.

TIPP 22 Rigoros und sinnvoll: Fasten

Viel leichter als ständig furchtbar wenig zu essen ist: gar nichts essen. Fast gar nichts essen. Kommt von außen keine Nahrung herein, schaltet der Körper auf die Ernährung von innen, denn dazu sind die Fettdepots schließlich angelegt. Die Natur gab in unseren Breiten jährlich eine Fastenperiode vor, den ausgehenden Winter.

Fasten darf allerdings nicht als Steigerung der Crash-Kur missbraucht werden. Im Grunde ist es kein Abnehm-, sondern ein Entschlackungsverfahren, da alles Überflüssige verbrannt wird, seien es Ablagerungen in den Blutgefäßen oder erst halb abgebaute Stoffwechselprodukte in den Geweben. Fasten ist auch keineswegs gleichzusetzen mit Hungern, also einfach nichts essen. Sie benötigen einen Fastenfahrplan, vor allem für die Aufbauphase, und sehr empfehlenswert sind auch Begleitmaßnahmen, vorrangig bestimmte milde Abführmittel (Bittersalz, Glaubersalz).

Wenn ich Fasten empfehle, dann nicht in erster Linie, um eine Gewichtsabnahme zu erreichen, sondern dazu, die natürlichen Hunger-, Appetit- und Sättigungsreflexe wieder auszugraben. Denn die Tatsache, dass diese Reflexe und Instinkte heute oft früh verschüttet werden, sind der Hintergrund dafür, dass man zu viel isst. Es fängt damit an, dass ein Kind essen muss, was es nicht mag (es mag den Rotkohl nicht, weil es ihn vielleicht nicht verdauen kann), geht damit weiter, dass ein Kind den Teller leer essen muss, obwohl es satt ist (der Sättigungsreflex wird beseitigt, und wenn das bei Ihnen so war, dann wissen Sie, wie stark der Reflex eigentlich ist, denn der Kampf um den leeren Teller dauerte Jahre, oder?) und endet damit, dass Sie bei einer Einladung essen, obwohl Sie keinen Hunger haben.

Die Fastenphase macht enorm wach gegenüber den Bedürfnissen, nicht nur des Körpers, sondern auch der seelischen und geistigen Bedürfnisse. Machen Sie sich aber vorher gut kundig, damit Sie wirklich profitieren und nicht Ihren Kampf um das Essen um einen weiteren Akt bereichern.

Fasten hilft Übergewichtigen also, indem sie lernen, wirklich bedarfsgerecht zu essen und andere Bedürfnisse als Hunger zielgerichteter zu befriedigen. Fasten kann aber auch Normalgewichtigen oder Schlanken zu einem flacheren Bauch verhelfen. Eher dünne Menschen leiden oft an hartnäckigen Verdauungsproblemen, die zur unschönen kleinen Kugel führen. Beim Fasten kann sich der Verdauungsapparat gründlich regenerieren.

TIPP 23 Fasten mit Molke

Ziemlich unkompliziert ist Molkefasten, sodass Sie es in eigener Regie für ein bis drei Tage zu Hause durchführen können und einen erfreulichen Effekt auf der Waage verbuchen können. Sie bekommen Molke in Reformhäusern, denn die in Käsereien gewonnene Frischmolke wird innerhalb von Stunden ungenießbar. Wichtig ist der Gehalt an rechtsdrehender Milchsäure, der bei Reformhaus-Molke gegeben ist.

Sie unterstützt die Leber bei der Entsäuerung und fördert die gesunde Darmflora. Molkeeiweiß ist leicht verdaulich und sehr hochwertig. Milchzucker verhindert, dass Sie das bei totalem Fasten eintretende Tief erleben.

Sie können entweder einen Molkefastentag einlegen, an dem Sie neben mindestens 1,5 Litern Mineralwasser oder Kräutertee ein bis zwei Flaschen Kurmolke trinken. Oder Sie trinken drei Tage lang je eine Flasche und essen mittags und abends etwas Kartoffelbrei mit gedämpftem milden Gemüse dazu.

TIPP 24 Erste Hilfe gegen Heißhungerattacken

Das schönste Diätvorhaben wird in den Abgrund gerissen, wenn Sie eine Heißhungerattacke überfällt. Das Erste-Hilfe-Set dagegen umfasst:

Ein gleichmäßiger Zuckerspiegel mithilfe kleiner Zwischenmahlzeiten verhindert Wolfshunger.

- Gut frühstücken
- Öfter kleinere, ausgewogene Mahlzeiten essen, noch bevor sich übergroßer Hunger rührt. Beispiel: Joghurt mit Obst, Vollkornbrötchen mit Quark und frischen Kräutern, Knäckebrot mit Geflügelwurst und Banane dazu, Radieschen und Vollreiswaffel usw., Orange oder Grapefruit mit Corn flakes
- Trinken dämpft Hunger
- Niemals bei Hunger schnell einen Schokoriegel essen – der Blutzuckerspiegel schnalzt in die Höhe, Insulin wird ausgeschüttet und reißt ihn wieder

hinunter, der Zuckerspiegel fällt womöglich noch unter den Ausgangswert und Sie haben als Ergebnis noch mehr Hunger. Süßes im Anschluss an ein vernünftiges Essen führt weit weniger zu dieser Reaktion. Essen Sie bei Heißhunger stattdessen beispielsweise eine Suppe (für den Fall der Fälle im Büro: ausnahmsweise einmal eine schnelle Terrine, auch wenn sie etwas salzig ist), ein Vollkornbrot und ein Stück Obst. Langsam kauen!

Übrigens: Der Zucker verschwindet mit Hilfe des Insulins deshalb so schnell, weil er in die Zellen eingeschleust wird. Wenn die Muskelzellen gerade keinen Bedarf anmelden, werden die Fettzellen bedacht. Und die bilden daraus FETT.

TIPP 25

Keine Blähungen mehr!

Sie können noch so schlank sein – wenn Sie an Blähungen leiden, rundet sich Ihr Bäuchlein. Ärgerlich. Wenn Sie häufiger von Darmgasen gezwackt werden, sollten Sie herausfinden, woran es liegt.

Nicht jeder reagiert gleichermaßen auf die Gasbildung, die zwischen 200 und 2000 ml pro Tag betragen kann. Wer ohnehin zu verkrampftem Darm neigt, meist aufgrund zu hoher (nervlicher) Anspannung, spürt vermehrte Darmgasbildung empfindlicher als Menschen, die gut entspannen können.

Gebildet werden die Gase von den Bakterien im Dickdarm, die Ballaststoffe abbauen und dabei gasförmige Stoffe bilden. Die unangenehm riechenden Anteile entstehen bei bakteriellem Eiweißabbau. Folgendes hilft:

- Beobachten Sie, welche Nahrungsmittel bei Ihnen Probleme verursachen und verzichten Sie möglichst weitgehend darauf. Wenn es Ihre Lieblings- oder sehr gesunde Speisen sind, nehmen Sie kleinere Portionen (im Zusammenhang mit einer ins-

Gut gegen Blähungen: Kümmel-, Fenchel- oder Anistee.

gesamt kleineren Mahlzeit) und kauen Sie *sehr* gründlich; essen Sie langsam und hören Sie bei eintretendem Sättigungsgefühl sofort auf.

- Essen Sie bekanntermaßen bei Ihnen Blähendes lieber mittags als abends.
- Unternehmen Sie nach der Mahlzeit einen Spaziergang. Das vertieft u.a. die Atmung – Darmgase gehen auch ins Blut über und werden abgeatmet!
- Trinken Sie Kümmel-, Fenchel- oder Anistee (1 TL frisch gequetschten Samen mit 0,5–1 Liter kochendem Wasser übergießen, 5–10 min ziehen lassen).
- Vermeiden Sie weitgehend die Kombination »faserstoffreich« + »zuckerreich« (z.B. Schrotbrot mit Honig), sie wirkt wie Hefeteig im Darm (riesengroße Gasblasen)!
- Schütten Sie bei Hülsenfrüchten nach 3–5 Minuten das erste Kochwasser weg und gießen Sie neues auf.

- Die Einnahme von Heilerde oder Kohlekompretten kann helfen, ist allerdings bei Verstopfung weniger gut geeignet.
- Massieren Sie den Darm sanft, mit warmen Händen, im Uhrzeigersinn.
- Essen Sie lieber nicht *ganz* so gesund (Vollwert-Ziegelsteine) und damit weniger blähungsintensiv, dafür aber ganz konsequent Mischkost. Das ist besser, als dreimal Tofuburger in Gemüsezwiebel mit Linsenbett und viermal Snars, Mickers und Co.
- Bei Verstopfung sollten Sie Abhilfe schaffen (Tipp 27).

TIPP 26 Bauchweh und Blähungen: Was kann das sein?

Viele vertragen Milch oder Milchprodukte nicht gut, weil der Milchzucker von einem Enzym gespalten werden muss, der Lactase, dessen Aktivität schon ab dem Kindesalter recht steil abfällt. Käse wird hier meist besser vertragen als Joghurt, Milch und Quark.

Faser- oder Ballaststoffe sind zwar gesund, aber nur in Maßen. Sie füttern die Darmflora, sollten aber nicht »pur«, sondern nur in einem natürlichen Verhältnis zu ballaststoffärmeren Nahrungsbestandteilen genossen werden. Bestimmte Verbindungen, vor allem aus Hülsenfrüchten (einschließlich Soja) sind schwer verdaulich und blähen. Auch Fettreiches kann wegen seiner schweren Verdaulichkeit blähen. Ansonsten ist aber die Verträglichkeit eine recht individuelle Angelegenheit, denn die Enzymausstattung jedes Einzelnen ist unterschiedlich. Lesen Sie die folgende Liste daher durch und beobachten Sie, welche Nahrungsmittel daraus bei Ihnen für den so genannten Meteorismus verantwortlich sein könnten.

- Kohlsorten, Sauerkraut
- rohe und gebratene Zwiebeln

- Linsen, Bohnen, Sojaprodukte, frische Erbsen, Kichererbsen
- Trockenobst (getrocknete Pflaumen, Aprikosen usw.), Rosinen
- Weizenkleie
- Milchprodukte, Milchkaffee
- frisches Brot
- Nüsse
- fette Fleischsorten wie Schweinebraten mit Kruste oder Gans

Candida-Pilze und andere Dysbiosen

Unausgewogene Ernährung mit zu viel Zucker, unregelmäßigem, hastigem Essen und zu wenig Ballaststoffen führt – besonders in Verbindung mit Verstopfung – dazu, dass sich ungünstige Keime im Darm breit machen können. Hierzu zählen beispielsweise krankmachende Hefen (bestimmte Candida-Arten). Diese Dysbiose äußert sich durch Gärung und einen mehr oder weniger aufgetriebenen Bauch. Gegenrezept: Weniger Zucker, mehr, aber nicht zu viele Ballaststoffe, mehr günstige Keime zuführen (z. B. in Joghurt mit lebenden Kulturen, in anderen Sauermilchprodukten, in Kurmolke, in Sauerkraut, in Sauerteig), langsam und genießerisch essen statt zu schlingen, den Magen nicht überladen.

TIPP 27 Nie mehr Verstopfung

Alles, was bei Verstopfung in Ihnen verweilt, beult den Darm nach außen, der Bauch wird dicker. Nicht nur wegen der besseren Silhouette, sondern auch wegen Ihres Wohlbefindens ist es eine gute Idee, eine Verstopfung zu beseitigen. Leider wird mit steigendem Alter der Darm träger, und die sitzende, einem straffen Zeitplan folgende Lebensweise trägt das Ihre dazu bei. Probieren Sie Folgendes, in der angegebenen Reihenfolge:

- Mehr trinken, mindestens zwei Liter (Wasser und leichte Tees) täglich – der Darminhalt wird weicher. Wichtig besonders, wenn Sie in klimatisierten Räumen arbeiten (trocknet den Körper aus!)
- Mehr bewegen (Treppensteigen, Besorgungen machen, Gymnastik usw.), unterbrechen Sie auch Ihre Arbeit am besten stündlich für eine kleine Bewegungspause.
- Regelmäßig auf die Toilette gehen. Wenn Sie eine Verstopfung wegbekommen möchten, dürfen Sie keinen Drang mehr unterdrücken
- Ein Glas Obstessig (2 EL), verdünnt mit Wasser, morgens auf nüchternen Magen.
- Orangen und Erdbeeren sind bestens geeignete natürliche Abführmittel, die dazu noch gut sättigen.

Viel, viel Wasser und Tees trinken: Das Geheimnis der Models.

- Essen Sie kaliumreich – also reichlich Gemüse, Kartoffeln, Hülsenfrüchte (siehe vorhergehender Tipp), denn Kalium ist für die Funktion der Darmmuskulatur wichtig. Täglich sollten es etwa fünf Portionen Obst, Gemüse und Kartoffeln sein! Beispiel: trinken Sie morgens ein Glas Tomatensaft; mittags gibt's Kartoffeln und Gemüse oder einen Salat; nachmittags vernaschen Sie eine große Handvoll Erdbeeren und abends noch eine Gemüsesuppe oder Gürkchen. So einfach ist das.
- Nehmen Sie schon längere Zeit Abführmittel, ist eine »Darmreinigungs-Kur« (z. B. Mayr-Kur) sinnvoll. Wenden Sie sich auf jeden Fall an einen Arzt, denn regelmäßiger Abführmittelgebrauch verstärkt die Verstopfung, sodass es nicht ganz leicht, aber unbedingt notwendig ist, davon wegzukommen.

Der Abführmittel-Teufelskreis

Abführmittel, auch »sanfte« pflanzliche, beschleunigen die Darmpassage. Im Dickdarm bleibt zu wenig Zeit, wichtige Mineralstoffe ins Blut aufzunehmen, allmählich verarmt der Körper an Kalium. Dieser Mineralstoff ist indessen für die Muskelfunktion wichtig. Zu wenig Kalium bedeutet schlappe Muskelzellen, auch im Darm – er wird noch träger. Man nimmt mehr Abführmittel, weiteres Kalium geht verloren. Auf diese Art verstärken Abführmittel die Darmträgheit.

- Verzichten Sie weitgehend auf Stopfendes, also z. B. Kakao, Bananen, Schokolade, Kost ohne Gemüse und Obst sowie reichlich Weißbrot, Fleisch, Reis.
- Weizenkleie, Dörrpflaumen, Leinsamen nur im Notfall zu sich nehmen und dann mit reichlich Wasser (mindestens 0,25 l Wasser), sonst gibt es Blähungen und kleisterartige Verklebungen im Darm.

TIPP 28 Der wichtigste Verdauungstipp

Er sei noch einmal wiederholt: Kauen Sie immer sehr gründlich, dann laufen die Reflexe, die im Zusammenhang mit der Verdauung stehen, einfach am besten ab. Die Darmabschnitte füllen und leeren sich anschließend zeitgerecht, Sie nehmen das Sättigungsgefühl besser wahr, Sie nehmen besser wahr, ob Ihnen das Essen bekommt, und es schmeckt besser. Zudem schaltet nur so das autonome Nervensystem im Darm ausreichend auf Ruhe (Parasympathikus-Aktivität), sodass Durchblutung und Darmbewegungen optimal koordiniert werden. Trinken Sie außerdem reichlich, am besten 2,5 Liter täglich. Das ist mehr, als die meisten trinken! Nur etwas Kaffee morgens und mittags und ein Mineralwasser abends ist bei Weitem zu wenig.

TIPP 29 Für Luftschlucker

Darmgase setzen sich nicht nur aus den bakteriell gebildeten Gasen zusammen, sondern auch aus Stickstoff, der vom Blut aus in den Darm gelangt (quasi rückwärts), und von Luft, die beim Essen geschluckt wird. Das passiert vor allem bei hastigem Schlingen und wenn Sie zwischen den einzelnen Happen viel reden. Auch hier der beste Rat: langsam essen, gut kauen, genießen. Bewegung im Anschluss ans Essen fördert nicht nur die Verdauung, sondern auch den raschen Abtransport der hinuntergeschluckten Luft.

Ödeme – was ist das?

Ein dicker, sich von innen her geschwollen anfühlender Bauch kann durch eine Gewebsschwellung, entweder im Darmgewebe selbst oder in seiner Umgebung, hervorgerufen werden. Dafür gibt es vor allem drei mögliche Gründe:

- Hormone (um die Regelblutung herum ist das Gewebe im kleinen Becken insgesamt besser durchblutet und lagert mehr Wasser ein)
- Allergien und Nahrungsmittelunverträglichkeit (die allergische Reaktion steigert die Durchblutung, das wiederum führt zur Schwellung)
- Nahrungsmittelinhaltsstoffe (bestimmte Inhaltsstoffe einzelner Nahrungsmittel, z. B. Histamin, steigern die Durchblutung der Darmschleimhaut und des darmumgebenden Gewebes, die dann anschwellen).

TIPP 30 Führen Sie Tagebuch

Mit detektivischem Spürsinn, am besten über ein Nahrungsmitteltagebuch, kommen Sie den Auslösern einer Allergie oder Unverträglichkeit am besten auf die Spur. Werden Sie wachsam gegenüber den Bestandteilen des Essens, die Ihren Darm wie einen Hefeteig aufgehen lassen.

Um die Auslöser einer Unverträglichkeit oder Allergie ausfindig zu machen, sollten Sie für eine überschaubare Zeit nicht allzu viel durcheinander und nicht zu komplizierte Gerichte essen. Notieren Sie sich möglichst genau, was und wie viel Sie gegessen haben. Bei einer Allergie reichen schon geringste Mengen des verdächtigen Nahrungsmittels, um Symptome hervorzurufen; bei bloßer Unverträglichkeit ist es eine Frage der Menge, ob Sie Beschwerden bekommen oder nicht.

Das Tagebuch führt sie auch in der Frage weiter, ob es vielleicht eine bestimmte Kombination aus Nahrungsmitteln ist, die zu Beschwerden führt (z. B. Rotwein mit schwerem Essen). Achten Sie auch auf Symptome, die nicht unmittelbar mit dem Bauch zu tun haben, z. B. Kopfschmerzen, Hautausschlag, pelzige Zunge. Auch sie können eine Folge der Unverträglichkeit oder Allergie sein. Wenn sich bei Ihnen ein entsprechender Verdacht ergibt, sollten Sie einen Arzt um Rat fragen.

TIPP 31 Also doch – Wunderlebensmittel

Sie können gezielt Nahrungsmittel essen, die Ödeme, wie die Gewebsschwellungen im Fachbegriff heißen, ausschwemmen:

- Melonen (besonders Wassermelonen), Gurken, Zucchini, z. B. gefüllt mit Reis
- Erdbeeren

- Kartoffeln (als Pell- oder Folienkartoffeln, ohne oder allenfalls mit wenig Fett, keine Chips und Pommes!!)
- Spargel
- Kernobst (Aprikosen, Pfirsiche, Kirschen, Mirabellen, Pflaumen – aber alles bestens reif)
- Beerenobst (Himbeeren, Brombeeren, Stachelbeeren – gut reif)
- Zitrusfrüchte
- Ananas
- Sellerie
- Tomaten, Paprika
- Petersilie und Petersilienwurzel, Liebstöckel, Meerrettich

Versuchen Sie, an Ausschwemm-Tagen auf Kaffee zu verzichten und trinken Sie beispielsweise Brennnesseltee (1 TL zerkleinertes getrocknetes Brennnesselkraut auf 0,5–1 l kochendes Wasser, 5–10 Minuten ziehen lassen).

TIPP 32 Stärke saugt Wasser auf

Gestern auf der Piste gewesen, lecker geschlemmt und heute fünf Pfund mehr auf der Waage. Das kann doch nicht sein!? Natürlich ist das nicht Fett. Am besten verzichten Sie darauf, sich am Tag nach einem genussvollen Essen zu wiegen, sonst trudeln Sie schnell wieder inmitten eines Zirkels schlechtes Gewissen – Diätwahn – Ausrutscher – Frust.

Der steile Gewichtsanstieg beruht darauf, dass Stärke zu ihrem Abbau reichlich Wasser benötigt und entsprechende Mengen zurückgehalten werden. Bis die Stärke abgebaut und zur Energiegewinnung in kleine Zuckerbausteine zerlegt ist, verschwindet auch das Wasser (also Gewicht) wieder. Sie können das unterstützen, indem Sie einen Ausgleichstag einlegen und sich mehr bewegen – allerdings auch nicht verbissen. Denn wenn Sie einen Muskelkater bekommen, hält wieder die sich in den Muskeln bildende Milchsäure Flüssigkeit zurück. Ein bisschen Walking oder eine Radtour reichen.

TIPP 33 Salz – ja oder nein?

Kochsalz (Natriumchlorid) ist lebenswichtig. Es sorgt beispielsweise dafür, dass wir nicht austrocknen, denn Salz hält Flüssigkeit im Körper zurück. Zu viel davon soll aber auch nicht sein. Wenn Sie zur Einlagerung von Flüssigkeit neigen, lohnt es sich, am Salz zu sparen. Sie sollten die größten Salzlieferanten kennen:

- Oliven
- Salzgebäck (Chips, Erdnuss- und Maislocken, Cracker)
- Geräucherte Wurst- und Fleischwaren, Schinken, rote Wurst, Corned Beef
- Käse (wird bei der Herstellung in Salzlake gebadet), besonders salzreich sind Blauschimmel-, Cheddar- und Schmelzkäse
- Salzheringe, Rollmops, geräucherter Fisch
- Mixed Pickles und anderes eingelegtes Gemüse, Gemüsesäfte
- Hefeextrakte
- Fertigsuppen, Instantsaucen
- »Kräutersalz« ist nicht identisch mit »Salzersatz«! Achten Sie auf die Deklaration, es kann noch über die Hälfte Natriumchlorid enthalten sein. Meer- und Steinsalz sind pures Salz.

TIPP 34 Keine Panik nach »Diätsünden«: Ausgleichstag

Das Wort »Sünden« ist in Anführungsstriche gesetzt, weil es keine Sünde, sondern fast ein Muss ist, das Leben auch einmal in vollen Zügen zu genießen. Wichtig ist nur der Ausgleich. Ein Zuviel darf sein, ein Zuwenig sollte sich anschließen, hinterher geht alles wieder ganz entspannt seinen normalen Gang.

Am Ausgleichstag verzichten Sie möglichst auf alles stark Gesalzene und auf Fettes und Gebratenes. Die Bauchorgane sollen sich ja erholen können. Essen Sie aber auch nicht Berge von Rohkost und schwere Bio-Schnitten. Vorteilhaft sind Pellkartoffeln mit Gemüse, in Alufolie gebackene Kartoffeln, z. B. mit einer pikanten Quarkfüllung oder Hüttenkäse, abends eine Kartoffel-Gemüse-Suppe mit wenig Salz und dafür viel frischen Kräutern (damit es ein kulinarischer Genuss wird, können Sie auch Crème fraîche und ein paar Shrimps hineingeben).

Auch ein Reistag gleicht aus. Essen Sie mittags und abends nur sehr sparsam gesalzenen Reis, einmal mit Obst, einmal mit Gemüse.

TIPP 35 Unsere Beziehung zum Mond

Ob die Menstruation und die Fruchtbarkeit in Zusammenhang mit der Mondphase stehen, darüber wurde sogar schon eine Doktorarbeit geschrieben (leider ohne definitiv für den Mond sprechendes Ergebnis). Auf jeden Fall: rund wie der Mond wird bei vielen Frauen der Bauch um den Zeitpunkt der Periode. Zum nervenden Anblick eines über dem Rockbund aufgehenden Erdtrabanten gesellen sich nicht selten auch noch Schmerzen. Das hilft dagegen:

- Keine Abführmittel nehmen. Sie reizen nur weiter.
- Wenig Kaffee, denn er kann Verspannungen und Krämpfe im kleinen Becken (das ist der Ort, wo die Gebärmutter und die Eierstöcke zu finden sind) fördern.
- Schafgarbentee (krampflösend; 1 TL getrocknetes, klein geschnittenes Kraut – aus der Apotheke – mit 0,5 l kochendem Wasser übergießen, 5 min ziehen lassen)
- feucht-warmer Wickel auf dem Unterleib (nicht zu heiß, sonst können Sie eine zu starke Blutung bekommen), er löst Verspannungen und Stauungen
- Stress ist Gift, ebenso wie Nikotin
- ausreichende Versorgung mit Vitaminen der B-Gruppe, v. a. Vitamin B_6, und Vitamin E (beides in Vollkornprodukten, Nüssen, Vitamin E auch in Weizenkeimen; Verzicht auf Snacks und Weißmehl-Zucker-Produkte erhöht automatisch den Anteil an hochwertigeren Nahrungsmitteln und damit den Vitamingehalt der Nahrung!)
- nicht *zu* fett- und cholesterinarm essen – bestimmte Fettsäuren, v. a. aus pflanzlichen Ölen und Seefisch (Omega-3-Fettsäuren) sowie Lezithin sind für den Aufbau der Hormone und das hormonelle Gleichgewicht wichtig! Olivenöl am Salat und zweimal wöchentlich Seefisch liefern Ihnen günstige Fette.

Gymnastik – aber wie?

Klappmesserübungen? Nicht doch. Die sind ganz veraltet. Sie überlasten den Rücken, und selbst, wenn Sie zu den wenigen gehören, die noch keine Rückenschmerzen haben: Dennoch sind Sie ein Zweibeiner und haben damit ein sehr hohes Risiko für Bandscheibenbeschwerden. Das ist ein flacher Bauch nicht wert, zumal die berühmten Klappübungen auch gar nicht die eigentliche Bauchmuskulatur, sondern mehr die Hüftbeuger trainieren. Wie Sie es richtig machen, lesen Sie in diesem Kapitel.

Die Bauchmuskulatur besteht aus drei Schichten und ist wie ein besonders strapazierfestes Gewebe in unterschiedlichen Richtungen gewirkt. Der gerade Bauchmuskel sorgt für die »Waschbrettstruktur«. Dieses Utensil ist durch seine Rillen charakterisiert – und die werden gebildet durch die Zwischenstreifen aus sehnigen Ansätzen der einzelnen Muskelabschnitte. Der gerade Bauchmuskel zieht vom Brustbein und der fünften bis siebten Rippe bis zum Schambein. Damit bildet er eine Muskelplatte, die bei der Rumpfbeugung und bei Drehbewegungen beteiligt ist, vor allem aber auch, wenn der Druck im Bauchraum erhöht werden muss (Muskelpresse).

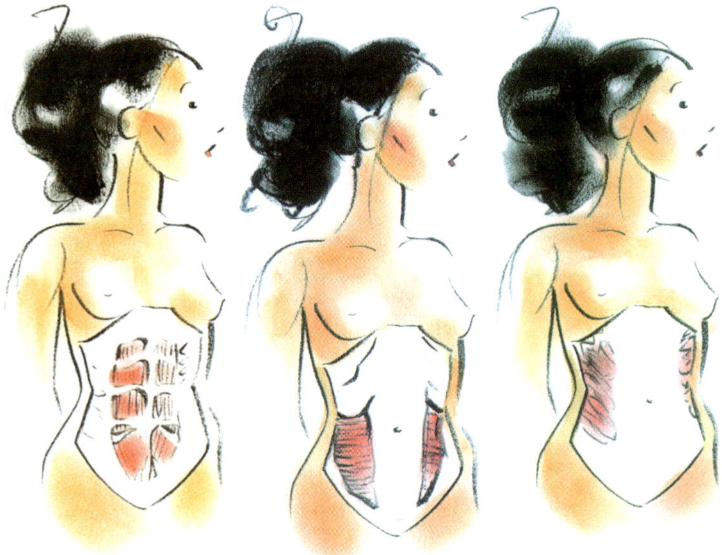

Unter dem Musculus rectus abdominis, wie der gerade Bauchmuskel heißt, liegt die schräge Bauchmuskulatur (siehe obige Zeichnung). Erst, wenn auch sie ausreichend gekräftigt wird, kommen Sie zu einem richtig straffen Bauch. Die schräge Bauchmuskulatur besteht aus einem inneren und äußeren Anteil. Der äußere Anteil zieht von den unteren Rippen in die sehnige Hülle des geraden Bauchmuskels und zum Darmbeinkamm, dem Knochen, den Sie als besonders prominent am Becken tasten können (und der bei einem flachen Bauch dann auch etwas heraussteht). Der innere Anteil des queren Bauchmuskels dehnt sich fächerförmig vom gesamten Darmbeinkamm zu den unteren Rippen und in die Muskelhülle des geraden Bauchmuskels hin aus. Durch ihre schräge Zugrichtung sind die queren Bauchmuskeln vor allem an Rumpfdrehungen beteiligt.

Schließlich liegt ganz innen der quere Bauchmuskel, dessen Fasern senkrecht zum geraden Bauchmuskel verlaufen. Der Ursprung dieses Muskels liegt in den sehnigen Anteilen der Rückenmuskeln und am Beckenkamm; die Fasern strahlen vorne in die Sehnenhülle des geraden Bauchmuskels ein. Der quere Bauchmuskel komplettiert so das feste Muskelkorsett der unteren Rumpfhälfte und bindet die Rückenmuskeln in dieses Gewebe ein. Er ist mit für die Taillenform, vor allem aber für das Aufrichten des Beckens verantwortlich.

Am liebsten wäre mir, Sie suchen, wenn Sie auch nur den kleinsten Anhalt für ein Rückenproblem haben, zunächst einmal einen Orthopäden auf und lassen sich Bauchübungen im Fitnessstudio zeigen.

TIPP 36 Training zu Hause

Wenn Sie auf eigene Faust zu Hause trainieren, sind folgende Punkte immer wichtig:

1. Beginnen Sie immer mit Aufwärmübungen. Das kann Tanzen zu fetziger Musik sein, Joggen auf der Stelle oder die Übungen aus Tipp 38.
2. Bei jeder Übung, die Sie auf dem Rücken liegend durchführen, müssen Sie zunächst die Wirbelsäule »glatt strei-

chen«, um den Lendenbereich nicht zu belasten. Legen Sie sich auf den Boden und schieben Sie die Hand durch die Wölbung, die die Wirbelsäule im Lendenbereich bildet. Nun drücken Sie mithilfe der Bauch- und Rückenmuskeln diese Kuhle ganz flach – Sie spüren dabei, wie Sie das Becken kippen. Mit diesem gekippten Becken (ohne Hand darunter) führen Sie dann die Übungen aus. Immer!

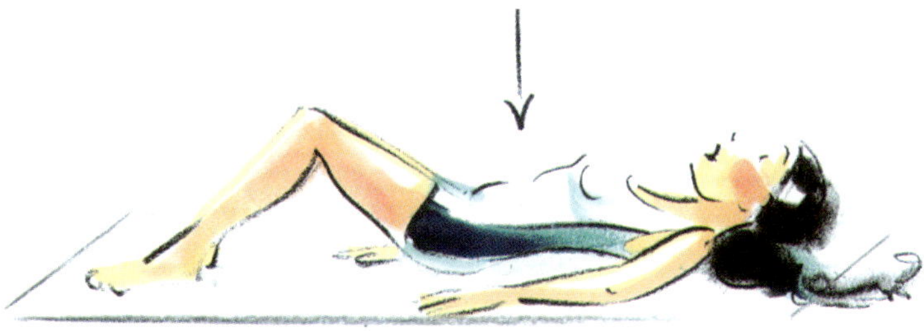

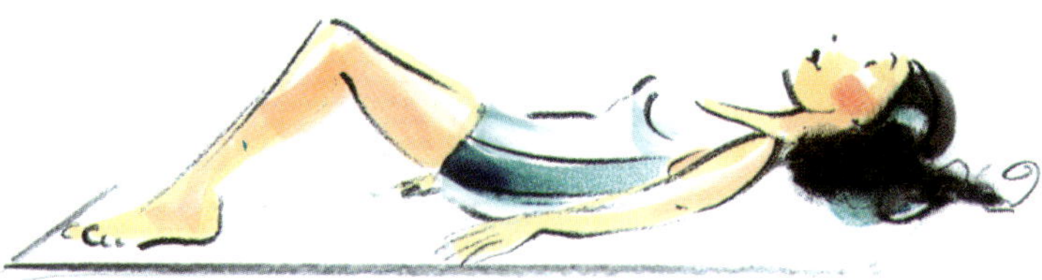

3. Atmen Sie während der Übung ein, nach der Übung aus, und versuchen Sie, möglichst gleichmäßig zu atmen. Nicht die Luft anhalten! Pressatmung ist ein Zeichen dafür, dass die geeignete Übungsdosis schon leicht überschritten ist. Es bringt nichts, sich möglichst zu schinden – Gleichmäßigkeit und Konsequenz über einen längeren Zeitraum mit etwas »lascheren« Übungen erzielen den besser sichtbaren Erfolg!
4. Machen Sie keine Übung ruckartig, erzwingen Sie nichts, und hören Sie sofort auf, wenn Ihnen eine Übung nicht gut

tut. Vor allem die Übungen für die schräge Bauchmuskulatur können zu einer »Verwindung« der Wirbelsäule führen, die die empfindlichen Wirbelgelenke und Bandscheiben nicht sehr schätzen.

TIPP 37 Zum Anfang: Bauchmuskeltest

Sie liegen auf dem Rücken, die Beine angewinkelt, die Füße fest auf dem Boden. Arme lang ausstrecken, Handspitzen weisen in Richtung Waden.

Stufe 1: Richten Sie nun vom Kopf her den Oberkörper etwas auf. Sie bekommen die Schulterblätter etwa 5 cm vom Boden weg.

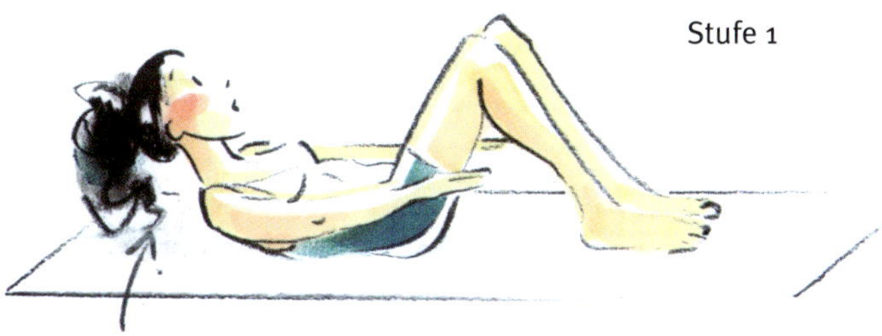

Testergebnis: Sie *haben* Bauchmuskeln. Durch ein wenig Training können Sie rasch eine Besserung erzielen.

Stufe 2: Nun versuchen Sie bei derselben Anordnung, im Zeitlupentempo die Schulterblätter mindestens 10 cm vom Boden abzuheben.

Testergebnis: Gar nicht schlecht. Sie haben bereits ein einigermaßen verlässliches Muskelkorsett.

Stufe 3: Wenn Sie noch mit von der Partie sind und Hanteln haben (Kurzhanteln, 5 kg Gewicht), halten Sie die Hanteln vor die Brust. Versuchen Sie, den Oberkörper so 5 cm vom Boden abzuheben.

Testergebnis: Sie sind gut! Haben Sie bereits heimlich trainiert?

Durch regelmäßiges Training kann man sogar noch mehr erreichen:

Stufe 4: Sie liegen wie bisher und heben ganz langsam den Oberkörper um 10 cm vom Boden ab. Nun führen Sie beide Arme und Hände erst über die rechte, dann über die linke Hüfte zur Seite. Langsam wieder zurück.

Testergebnis: Ein Bauch kann Ihr Problem nicht (mehr) sein.

TIPP 38 Aufwärmen – ganz wichtig!

1. Zuerst laufen Sie locker auf der Stelle, drei bis fünf Minuten lang. Mit Radio oder Musik ist das weniger öde.
2. Nun den Bauch einziehen und mit den Armen große Kreise beschreiben: von ganz hinten nach vorne, zuerst den rechten, dann den linken, dann beide gleichzeitig, schließlich immer rechts und links abwechselnd. Nach zwei Minuten die Richtung wechseln: nun kreisen Sie von vorne nach hinten.
3. Wieder zwei Minuten locker auf der Stelle laufen.
4. Führen Sie nun immer abwechselnd den rechten Ellenbogen und das linke Knie zusammen (im Stehen), dann den linken Ellenbogen und das rechte Knie. Achten Sie darauf, dass Sie locker bleiben. Auch das zwei Minuten lang, aber unangestrengt.

TIPP 39 Erste Übung: Aufrollen

Vorbereitung: Lendenwirbelsäule »glatt streichen« (siehe Tipp 36).

1. Sie liegen auf dem Rücken, Arme locker seitlich, Beine angewinkelt, Füße fest auf dem Boden.

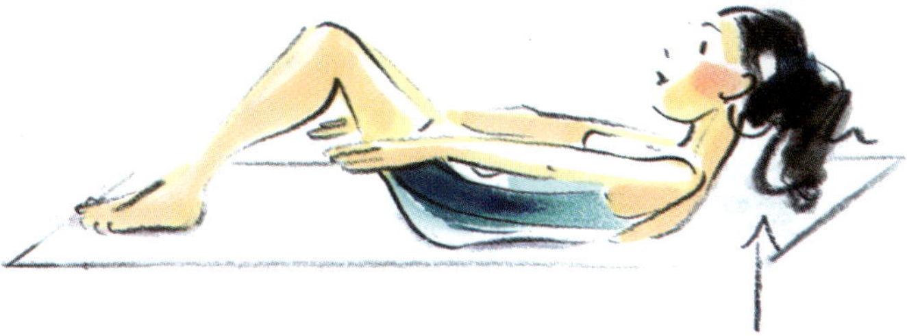

2. Kopf, Nacken und Arme langsam vom Boden heben, Arme waagerecht über dem Boden. Sie sollen sich nicht so weit aufrollen, dass Sie aufsitzen, sondern nur so weit, dass die Hände kaum die Waden berühren.
3. Stellung etwa fünf Sekunden halten, zehnmal wiederholen, achten Sie dabei auf ruhige Atmung.

Nächste Schwierigkeitsstufe: Verschränken Sie während des »Aufrollens« die Arme vor der Brust.

Höchste Schwierigkeitsstufe: Hände auf die Ohren oder den Oberkopf pressen (nicht auf den Hinterkopf), Ellbogen weit nach außen richten.

Fehlermöglichkeiten: Hohlkreuz während der Übung, Aufrollbewegung geht vom Nacken statt vom Kopf aus (führt zu Nackenverspannungen).

Nachbereitung: Wenn Sie die Übung beendet haben, ziehen Sie abwechselnd das linke und das rechte Knie in Richtung Kinn weit zu sich heran, jeweils etwa 10 Sekunden lang.

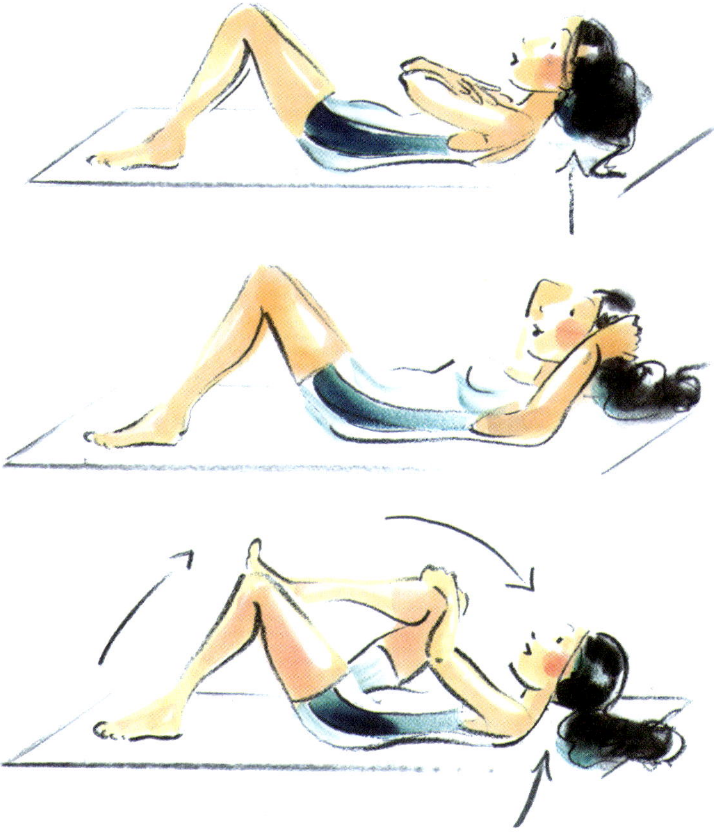

TIPP 40 Zur Abwechslung

Damit es nicht zu langweilig wird, hier eine Übung zur Alternative:

1. Sie liegen auf dem Rücken, Arme über den Kopf ausgestreckt. Beine angewinkelt.

2. Heben Sie nun die angewinkelten Beine laaangsam an und führen die Knie zur Brust.
3. Ebenso langsam wieder in die Ausgangsposition zurück.
4. Üben Sie nicht mit Schwung und vergessen Sie das Atmen nicht! Achten Sie auch besonders darauf, kein Hohlkreuz zu machen.

TIPP 41 Alternative für Fortgeschrittene

1. Sie stellen ein Bein auf und legen den Unterschenkel des anderen Beins auf das Knie.
2. Die Arme legen Sie lang gestreckt über den Kopf, Hände aneinander gelegt.

3. Richten Sie nun den Oberkörper 5 bis 10 cm auf, zählen Sie bis fünf, und gehen Sie nun langsam wieder zurück. Zehnmal wiederholen.

TIPP 42 Für die schräge Bauchmuskulatur

Vorbereitung: Lendenwirbelsäule glatt streichen (Seite 52).

1. Sie liegen auf dem Rücken, linkes Bein angewinkelt. Den rechten Unterschenkel legen Sie über das linke Knie. Hände unter dem Hinterkopf verschränken.
2. Ziehen Sie nun die linke Schulter bzw. den linken Ellbogen zum rechten Knie. Die Hände sollen dabei den Kopf stützen, nicht am Nacken ziehen! Zehnmal wiederholen.
3. Wechseln Sie die Beine: linker Unterschenkel über rechtes Knie und rechte Schulter/rechten Ellbogen zum linken Knie hin bewegen.

TIPP 43 So kommt die Taille in Form

Um etwas mehr Kraft einzusetzen, können Sie auch eine andere Variante für die schräge Bauchmuskulatur durchführen:

1. Sie liegen gerade ausgestreckt auf der linken Seite, Beine überkreuzt, der rechte Fuß berührt dicht neben dem linken den Boden. Der linke Arm wird rechtwinklig vom Körper weggestreckt, die rechte Hand berührt die linke Hand.
2. Heben Sie nun die gestreckten Arme vom Boden ab und führen Sie sie nach rechts über die rechte Hüfte; heben Sie dabei auch den Kopf. Zählen Sie in dieser Stellung bis fünf, dann kommen Sie langsam wieder in die Ausgangsstellung zurück. 10 Wiederholungen, dann wechseln Sie die Seite.
3. Nachbereitung: Erst das rechte, dann das linke Knie weit in Richtung Kinn ziehen und bis 10 zählen.

TIPP 44 Stärkung für die quere Bauchmuskulatur

Die queren Bauchmuskeln formen gemeinsam mit den schrägen Muskeln die Taille. Sämtliche Sit-ups, Crunches und Klappmesserübungen dieser Welt und auch die bisher hier aufgeführten Übungen trainieren die quere Bauchmuskulatur überhaupt nicht, weshalb eine ergänzende Übung sinnvoll ist.

Sie brauchen einen Hocker oder eine Kiste, die so hoch sind, dass Sie im Liegen bequem und gerade Ihre Unterschenkel darauf ablegen können.

1. Sie liegen auf dem Rücken, Hohlkreuz weggedrückt.
2. Den rechten Arm legen Sie flach neben den Körper, den linken an den Kopf.
3. Schieben Sie nun die Handfläche der rechten Hand am Hocker bzw. der Kiste vorbei, indem Sie den Oberkörper zur

rechten Seite beugen. Zehnmal wiederholen, dann kommt die linke Seite.

TIPP 45 Seitliche »Liegestütz« – Fitmacher für die Taille

Für Fortgeschrittene (fangen Sie mit wenigen Übungen an) die ultimative Taillenübung:

1. Sie legen sich auf die rechte Seite, die Beine sind lang gestreckt.
2. Stützen Sie den rechten Unterarm etwas oberhalb der Taillenhöhe fest auf den Boden und stemmen Sie nun den Oberkörper hoch. Von den Füßen bis zum Kopf soll der Körper eine gerade Linie bilden (analog der Liegestütz auf dem Bauch).
3. Halten Sie diese Position und versuchen Sie, bis 20 zu zählen (Atmen nicht vergessen!). Auf der anderen Seite wiederholen.

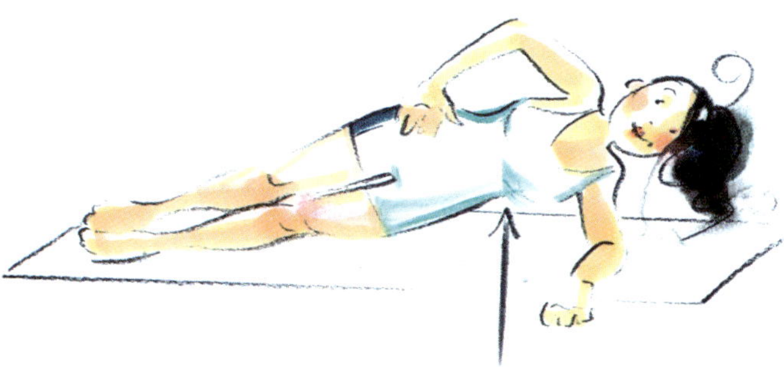

TIPP 46 Noch einmal gerade Bauchmuskulatur

Die Sitzwaage strafft nicht nur die Bauchmuskulatur, sondern bringt auch etwas für die Haltung. Halten Sie bei dieser Übung den Rücken möglichst gerade, keinen Katzenbuckel machen! Die Langsamkeit ist hier besonders wichtig, sonst erreicht die Übung nicht die Bauchmuskulatur.

1. Sie sitzen mit geradem Rücken auf dem Boden, winkeln die Beine an und stellen das Becken gerade (Hohlkreuz ausgleichen).
2. Strecken Sie die Arme waagerecht nach vorn und bewegen den Oberkörper ganz langsam nach hinten. Anfänger neigen ihn nur so weit nach hinten, dass sich zwischen Rücken und Boden ein Winkel von etwa 45° ergibt und halten diese Position, bis sie bis etwa 15 gezählt haben.
3. Kommen Sie nun wieder in die Ausgangsstellung zurück und machen Sie anfangs nur fünf Wiederholungen.
4. Wenn Sie das schaffen, versuchen Sie in der nächsten Stufe, den Rücken noch weiter nach hinten zu senken und bis 20 zu zählen. Wer richtig gut trainierte gerade Bauchmuskeln hat, schafft es schließlich, den Rücken im Zeitlupentempo bis auf den Boden zu bringen.

TIPP 47 Wie oft trainieren?

Als Anhaltspunkt, wie oft Sie üben, dient Ihnen der Eingangstest (Seite 53). Je untrainierter Ihre Muskeln sind, desto häufiger pro Woche sollten Sie üben, damit nicht nur der Status quo erhalten wird, sondern sich ein sichtbarer Erfolg einstellt. Machen Sie aber anfangs nur wenige Wiederholungen und versuchen Sie sich nicht voreilig an den Übungen für Fortgeschrittene. Wenn Sie Klavierspielen lernen wollen, fangen Sie auch nicht mit Impromptus von Chopin an.

Wie viele Wiederholungen Sie bei jeder Übung machen, hängt davon ab, welche Teststufe Sie geschafft haben.

Stufe 1: empfehlenswert sind vier bis fünf Übungseinheiten pro Woche oder sogar tägliches Trainieren.

Stufe 2: dreimal pro Woche, aber steigern Sie jetzt von je einmal 10 Wiederholungen auf je zweimal 15 Wiederholungen.

Stufe 3: dreimal pro Woche. Steigern Sie auf bis viermal 15 Wiederholungen pro Übung.

Stufe 4: zweimal pro Woche und viermal 20 Wiederholungen pro Übung.

Bei allem Üben bitte immer daran denken: Gleichen Sie vor jeder Übung das Hohlkreuz aus und dehnen Sie nach jeder Übung die Rückenmuskeln (Knie anziehen). Wenn Sie die Bauchmuskulatur sehr intensiv trainieren (z. B. Studio oder mit Geräten, siehe Tipp 71), sollten Sie auch Übungen für den Rücken einbeziehen, sonst kommen Sie, was das Muskelgleichgewicht angeht, aus dem Lot.

TIPP 48 Trainieren Sie konsequent!

Am besten klappt Ihr Bauch-Workout, wenn Sie sich einen regelmäßigen Trainingsplan aufschreiben und ihn entsprechend abhaken. Gewähren Sie sich aber auch »goldene Brücken« (kleben Sie z. B. einen gelben Klebepunkt an das Datum, an dem Sie sich das Training gespart haben). Ein bis zwei solche »goldenen Brücken« pro Woche sind besser, als beim ersten Mal das Training vergessen gleich für immer und alle Zeit die Flinte ins Korn zu werfen.

TIPP 49 Den Rücken nicht vergessen!

Zwischen den einzelnen Übungen ziehen Sie die Knie an und dehnen so die Muskulatur des unteren Lendenbereichs. Zusätzlich, oder auch einmal im Büro oder nach längerem Sitzen, können Sie auch folgende Übung für den Rücken machen:

1. Sie setzen sich auf einen Stuhl, die Füße stehen parallel fest auf dem Boden.
2. Beugen Sie nun den Oberkörper ganz nach vorn, sodass er auf den Oberschenkeln ruht. Lassen Sie die Hände zu den Füßen herabhängen.

3. Legen Sie nun die Hände auf die Ohren, strecken Sie die Ellbogen nach außen und richten sich so – langsam, Wirbel für Wirbel, ganz aus der Rückenmuskulatur heraus – wieder auf, bis Oberkörper und Oberschenkel einen Winkel von etwa 45° bilden.

Halten Sie diese Stellung etwa 20 Sekunden und lassen den Oberkörper dann wieder in die entspannte Ausgangsstellung zurücksinken. Damit ist Ihre Rücken wohltuend gestreckt.

TIPP 50 Gymnastik ist nicht alles

Treiben Sie zum »allgemeinen« Fettabbau auch gemäßigten Ausdauersport, am besten dreimal pro Woche eine halbe Stunde. Das ist besser als einmal pro Woche zwei Stunden – die Fettverbrennung wird so besser gefördert als bei anfallsartigen Spitzenbelastungen. Wenn Sie nicht so viel Zeit haben, reichen auch einmal 20 Minuten. Weniger Trainieren (Ausdauersport) bringt zu wenig.

Auf die Haltung kommt es an

Erst als Trio wird der flache Bauch perfekt – neben Ernährung und Bewegung ist als Drittes die Haltung entscheidend für die Konturen. Vor allem kann sie auch kleine »Problembereiche« ungesehen machen. Ihre Wirkung auf andere hängt sehr von der Haltung ab – lernen Sie daher ein paar Kniffe auf diesem Gebiet kennen.

Haltung, das heißt »Rücken gerade, Bauch einziehen«, ist steif und sieht nach Meinung von Teens, wenn sie einen reiferen Herrn betrachten, manchmal ein bisschen peinlich aus. Bei einer Ballerina dagegen oder bei einem Model auf dem Laufsteg, oft aber auch bei »Naturvölkern« empfindet man die »Haltung« als ästhetisch. Der Unterschied liegt dort, wo Haltung von innen heraus kommt und nicht rasch mal eben, für einen schönen Schein, aus dem Hut gezaubert wird. Eine steife, erzwungene Haltung ist keine gute Haltung. Leider weiß es Ihr Chef vermutlich nicht zu schätzen, wenn Sie den ganzen Tag über grazil wie eine Fee vor dem Computer schweben. Eine emsig über die Tastatur gebeugte Mitarbeiterin dürfte eher seinen Gefallen finden. Beim Sitzen muss man jedoch die Bauchmuskulatur überhaupt nicht beanspruchen, und auch die Doppel-S-Krümmung der Wirbelsäule wird nicht unterstützt. Schon in der Schule fängt die haltungsunfreundliche Lebensweise an. Ein Ausgleich ist wichtig, und hier sollten Sie Verantwortung für Ihren Körper übernehmen.

TIPP 51 Das Eine-Sekunde-Bauch-weg-Programm

Das bisschen Bauch haben wir schnell weg, Sie werden sehen:

1. Sie stellen sich ohne Schuhe mit hüftbreit nebeneinander gestellten Füßen fest auf den Boden.
2. Ziehen Sie nun den Bauch ein und richten Sie das Becken aus einer Hohlkreuzhaltung in eine gerade Haltung. Das erleichtern Sie, indem Sie die Gesäßmuskeln straffen.
3. Richten Sie den Brustkorb auf, dabei gehen die Schultern nach hinten.
4. Heben Sie das Kinn, sodass Sie geradeaus auf einen Punkt in der Ferne blicken.

Na, wie ist Ihre Figur? Schon viel besser. Sie sehen, es kommt nicht nur auf das Bauch-Einziehen an, sondern auch darauf, vom

Rücken und Becken aus einen muskulösen Rundum-Muskelhalter zu schaffen. Jetzt müssen Sie nur noch daran gehen, dass diese Haltung Ihre natürliche Haltung wird. Lassen Sie sich nicht mehr von Ihren Bändern zusammenhalten, sondern denken Sie sich Ihren Halt immer vom Zentrum Lendenwirbelsäule – Beckenring – Bauchmuskulatur aus. Je besser die Muskulatur hier die Haltearbeit übernimmt, desto besser werden übrigens auch die Bandscheiben entlastet. Und je besser Sie in dieser aufrechten, muskelkräftigen Haltung beispielsweise beim Essen sitzen, desto eher hören Sie auch auf zu essen!

TIPP 52 Und so macht es Topmodel Cindy Crawford

Dieser Tipp formt zwar vorrangig Ihre Rückansicht, trägt aber exzellent zur oben beschriebenen Haltung bei und ist beispielsweise für Ballerinen nicht wegzudenken:

Wo immer Sie sind und an Ihre Haltung denken, spannen Sie – für andere unsichtbar – die Gesäßmuskulatur kräftig an. Das können Sie im Sitzen wie im Stehen hinbekommen. Dabei straffen Sie auch die Bauchmuskulatur. Sie wachsen augenblicklich mehrere Zentimeter, der Rücken wird gerade.

TIPP 53 Vorne rund – hinten rund?

Vorne ein Bauch und hinten ein runder Rücken. Nichts gegen Rundungen, aber so kommt ja Ihr schöner Busen nicht zur Geltung. Und Buckel sind mega-out.

Das ständige Sitzen, langweilige Arbeit und formloser Aufenthalt im Fernsehsessel beugen den Rücken. Da der Brustkorb so nur wenig Platz hat, kann der Bauch nicht anders als herausgedrückt werden. So wird es nichts mit der oben beschriebenen

Ein gerader Rücken hat viel mit einem flachen Bauch zu tun!

Haltung. Meistens ist der runde Rücken glücklicherweise noch nicht fixiert, also zum Rundrücken geworden. Sie sollten allerdings bei Rücken- und Haltungsproblemen einen Orthopäden aufsuchen, denn langjährige Fehlhaltung wirkt sich auf alle Gelenke in der Achse Fuß bis Halswirbelsäule aus. Beruht die (schmerzhafte) Fehlhaltung auf einer Wirbelblockade, kann Ihnen eventuell eine chiropraktische Maßnahme sehr schnell Erleichterung verschaffen. Falls Ihre Haltung aber vorrangig auf Lässigkeit und Bewegungsarmut beruht, sollten Sie regelmäßig einige Übungen machen. Lassen Sie Ihren Körper beispielsweise »aushängen«, am besten an einem Reck, ersatzweise an der oberen Kante des Türrahmens, einer Teppichstange oder – wenn Sie eine Treppe mit offenen Stufen haben, an einer Treppenstufe (Vorsicht).

TIPP 54 Was die Brust weitet ...

Immer, wenn eine Struktur im Körper gedehnt wird, kommt es auf der gegenüberliegenden Seite zur Schrumpfung. Bei einem ständig runden Rücken ist die Rückenmuskulatur gedehnt und muss gestrafft werden. Das funktioniert aber nur, wenn die zwischenzeitlich auf der gegenüberliegenden Seite, also der Brust, liegende Muskulatur zunächst gedehnt wird, sonst arbeitet sie gegen die Straffung der Rückenmuskulatur. Zwei Übungen helfen hier schnell, eine mehr passive und eine eher aktive.

Übung 1

1. Stellen Sie sich fußbreit vor einen Türrahmen. Beine hüftbreit auseinander, Bauch und Gesäßmuskeln anspannen, die Hände drücken Sie in Schulterhöhe rechts und links an den Türrahmen. Kinn so weit anheben, bis der Kopf gerade ist.
2. Federn Sie nun in den Oberarmen mit dem Körper nach vorne. Gehen Sie sanft vor!

Übung 2

1. Lehnen Sie sich an die Wand – Fersen, Po, Schulterblätter und Hinterkopf berühren sie (Bauch einziehen, Becken aufrichten!)
2. Aus den Knien heraus fahren Sie nun mit dem ganzen Körper an der Wand herunter und wieder hinauf. Das stärkt die Rückenmuskulatur. Fangen Sie mit wenigen Wiederholungen an, deren Zahl Sie allmählich steigern.

TIPP 55 Haltung ist ein Spiegel der Seele

Sie federn voller Spannkraft durch den Park, wenn Sie frisch verliebt sind. Voll auf Schlurf kommen Sie dagegen, wenn wieder mal der ganze Job Sie anödet, und wenn Sie gar mutlos werden, sinken Sie in sich zusammen, lassen die Schultern hängen, können sich nicht aufraffen. Mit Gymnastik können Sie zwar gegensteuern und die Muskulatur kräftigen, aber das nutzt wenig, wenn die innere Haltung der äußeren nicht entspricht. Versuchen Sie nun noch, durch Essen Ihre Stimmung aufzuhellen, dann geraten Sie vollends aus der Form.

Hier ist es höchste Zeit, aufmerksam gegenüber Ihren eigenen Bedürfnissen zu werden. Wenn Sie merken, dass eine Tätigkeit oder ein Verhalten Ihnen nicht bekommen, stellen Sie sich selbst kritische Fragen und machen Sie eine Inventur. Einige Anregungen:

- »Was treibe ich hier überhaupt? Warum lasse ich mir ständig Überstunden anhängen?« (Haben Sie heute schon einmal *nein* gesagt, weil Sie *ja* zu *sich* sagen?)
- Nehmen Sie auf sich ebenso viel Rücksicht wie auf andere, oder gehen andere immer vor? Niemand kann sich so gut um Sie kümmern wie Sie selbst, denn Sie kennen Ihre Bedürfnisse am besten.
- Gönnen Sie sich ausreichend Ruhepausen? Oder genug Abwechslung, Anregung?
- »Was macht mir überhaupt Spaß? Wie kann ich das realisieren?«
- »Warum esse ich so viel? Was will ich überdecken?« Niemand hat das Urbedürfnis, sich bis an den Rand voll zu stopfen und sich anschließend selbst nicht mehr zu mögen. Niemand hat allerdings auch das Urbedürfnis, ständig auf alles Lustige zu verzichten, um rank, schlank und verführerisch zu sein.

Einstellungen und »Haltungen« sind zu einem großen Teil erworben, aber auch so plastisch, dass sie im Lauf der Zeit zum Positiven für Sie geändert werden können. Ein gutes Selbstwertgefühl stellt sich ein, wenn Sie mit sich ins Reine kommen, und es wird äußerlich an einer natürlich guten Haltung sichtbar.

TIPP 56 Bequem? Aktive und passive Haltung

Passive Haltung ist die Haltung, die Sie einnehmen, weil Sie Ihnen vorgegeben wird. Am Steuer können Sie Ihre Sitzposition kaum verändern, Ihr Körper muss den Formen des Autositzes folgen. Auch auf einem Stuhl oder Sessel ist die Haltung mehr oder weniger vorgegeben. Versuchen Sie beim Sitzen zumindest zeitweise, die Bauchmuskeln zu beanspruchen, vor allem beim Hinsetzen und Aufstehen. Lassen Sie sich ab heute nicht mehr in den Sitz plumpsen, sondern nehmen Sie elegant mit gestrafftem Bauch Platz. Beim Aufstehen genauso. Achten Sie öfter darauf, dass Sie aus einer passiven eine aktive Haltung machen. Also: Korrigieren Sie sich, wenn Sie wie ein Gerippe zusammenzufallen drohen!

Sie erleichtern sich die aktive Haltung mit Mobiliar, das aktive Bewegungen zulässt, also z. B. einen Bürostuhl, der geringe Kippungen zulässt, einen niedrigen Hocker, auf den Sie von Zeit zu Zeit einen Fuß abstellen können. Achten Sie auf genug Freiraum für die Beine, wenn Sie an einem Tisch arbeiten, besorgen Sie sich für Küchen- und Hausarbeit (Bügeln) einen Stehhocker usw. Nur ausreichend lange Arbeitsgeräte (Besenstiel, Staubsaugerrohr) verhindern eine gebeugte Haltung und damit das Herabschlabbern des Bauches.

TIPP 57 Aktive Haltung im Sitzen

Eine gute Übung für lange Stunden am Schreibtisch (falls Sie Armlehnen haben, was empfehlenswert ist):

1. Stemmen Sie Ihren Körper mit den Armen aus dem Stuhl, straffen Sie den Bauch und richten Sie das Becken gerade.
2. Spannen Sie die Bauchmuskeln an.
3. Versuchen Sie dabei, gleichmäßig zu atmen – ziehen Sie die Schultern nicht hoch!

Diese Pause bekommt nicht nur Ihrer Sitzfläche, sondern auch Bauch und Rücken sehr gut. Die Bandscheiben werden entlastet.

TIPP 58 Und dann auch noch die Mode

Als ob es nicht schon genug wäre mit unserer recht inaktiven Lebensweise! Aber auch die Mode trägt dazu bei, dass die Haltung etwas verkommt. Knallenge Jeans, in denen weder die Hüfte noch die Knie gebeugt werden können, machen aus der Trägerin eine Art Barbie-Puppe. Die Muskeln verkümmern, eine »aktive« Haltung ist kaum möglich.

Stöckelschuhe wirken zwar – durch Studien erwiesen – sexy, vorausgesetzt, mann blickt auf Beine und Po. Sie rufen allerdings eine Beckenkippung hervor, die den Bauch herausstehen lässt. Auf längere Sicht schaden sie Rücken und Bauch. Gehen Sie also nicht inflationär mit dem Tragen von hohen Hacken um.

Ausgeleierte Sackklamotten auf der anderen Seite unterstützen eine gute Haltung ebenso wenig, denn die haltlose Kontur färbt womöglich nach innen ab und fordern zur abgebrühten »cool motion« heraus.

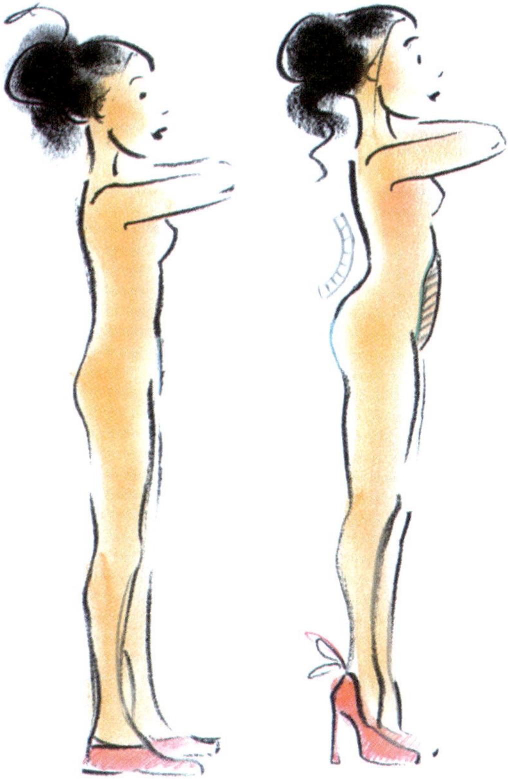

TIPP 59 Brustschwimmen – Muskeltrainer Nr. 1

Unter allen Sportarten, die die Fitness steigern und zahlreiche Muskelpartien trainieren, erweist sich das Brustschwimmen als besonders günstig für die Bauchmuskulatur. Bitte aber nicht so wie die Damen, die peinlichst ihre Löckchen trocken halten, denn das belastet wieder die Nackenmuskulatur sehr stark. Am besten mit Rückenschwimmen kombinieren – es ist ideal für den Rücken. Vor allem Rücken-Kraulen gleicht einen Rundrücken aus und trägt dazu bei, dass die Brust gedehnt wird.

Ein weiterer positiver Effekt des Schwimmens, egal ob Brust- oder Rückenschwimmen: Durch den Wasserdruck werden die Lymphgefäße und die Venen in der Unterhaut ausgepresst. Das Gewebe wird so zusätzlich entwässert und entschlackt, letzten Endes auch gestrafft.

TIPP 60 Was der »Bauch-Papst« F.X. Mayr rät

Franz Xaver Mayr war ein österreichischer Arzt, der die medizinischen Aspekte rund um den Bauch und die Verdauung eingehend untersuchte. Er entwickelte die Mayr-Therapie, die über eine Sanierung des Verdauungsapparates den ganzen Körper entschlackt und die Gesundheit allgemein stabilisiert. Für Menschen mit Bauchproblemen, egal ob ästhetischer oder gesundheitlicher Art, bringt die von ihm entwickelte Ernährungsweise sehr schnell sichtbare Erfolge.

Mayr erkannte, dass Probleme, die im Bauchraum entstehen, erst einmal äußerlich sichtbar zu einem aus der Form geratenen Bauch führen. Dazu gesellen sich indessen noch Auswirkungen auf die Haltung, den Stoffwechsel, die Atmung (damit auch die Sauerstoffversorgung) und die Funktion der inneren Organe.

Nach seiner Theorie steht am Anfang aller »Bauch-Probleme« ein überforderter Darm. Die Überforderung entsteht größtenteils durch

- zu viel essen,
- zu hastig essen,
- zu spät essen (nach 17 Uhr lässt die Verdauungsleistung nach),
- in Hektik essen und
- zu schlecht kauen.

Wird der Darm solcherart ständig überfordert, erlahmt er allmählich. Die übliche Reaktion hierauf: Man peitscht ihn durch Abführmittel weiter an, statt ihn, was konsequent wäre, zu schonen (indem die Fehler sozusagen umgekehrt werden: wenig essen – in Ruhe genießen – nicht mehr nach 17 Uhr essen – allerbestens kauen).

Im trägen Darm finden übermäßig viele Gärungsprozesse statt, die angestammte gesunde Darmflora verändert sich allmählich und wird von krankmachenden Hefen überwuchert. Die wiederum können vermehrt zur Gasbildung führen, aber auch das Immunsystem im Darm belasten, sodass es aufgrund gesteigerter Gewebsreaktionen u.U. zur Gewebsschwellung kommt. Der Darm mitsamt Inhalt wird voluminöser, und auch die Darmwurzel vergrößert sich. Die Entstehung dieser Vorgänge kann zwar nicht exakt verfolgt werden, aber die Rückbildung unter Darmentlastung, am besten kombiniert mit einer Darmmassage, zeigt sehr schnelle Erfolge.

Ein überforderter Darm vergrößert sich. Der schwere Darm verändert die Statik im Körper, eine Haltungsänderung tritt ein. Sie geht in diesem Fall vom Bauch und nicht von einer Fehlbeanspruchung der Muskeln aus! Die veränderte Statik wiederum behindert die freie Atmung. Im trägen Darm bilden sich vermehrt Gärungs- und Fäulnisprodukte, die evtl. ins Blut übergehen können und den Stoffwechsel unnötig belasten. Es ist bekannt, dass auch völlig ohne Alkoholgenuss nicht selten im Blut Alkohol nachgewiesen werden kann. Er stammt aus der Gärung im Darm. Obwohl er ein »körpereigenes« Produkt ist, richtet dieser Alkohol in den Zellen ebenso viel Schaden an wie ein Gin.

Die Mayr-Therapie saniert mit dem Darm den gesamten Körper. Konkret wird sie meist als »Milch-Brötchen-Kur« durchgeführt, eine Teilfastenform, bei der gleichzeitig mild abführende Maßnahmen wichtig sind. Anschließend an die Teilfastenphase wird schrittweise die Ernährung aufgebaut bis hin zu einer Magen-

Darm-verträglichen Mischkost. Eine Teil-Mayr-Kur können Sie selbst durchführen:

- Vermeiden Sie die geschilderten Fehler und kehren Sie die abträglichen Verhaltensweisen ins Gegenteil.
- Trinken Sie reichlich Flüssigkeit (Wasser und dünne Heilkräutertees), täglich mindestens 2,5 Liter.
- Verzichten Sie über ein bis zwei Wochen auf alle Nahrungsmittel, die Sie schwer vertragen, die blähen oder stopfen, verzichten Sie auch auf Gebratenes, Frittiertes und Ballaststoffreiches.
- Verzichten Sie auf Snacks, Zucker- und Weißmehlreiches, Softdrinks, Knabberwaren
- Essen Sie nur wenig Rohkost, sondern Gemüse knackig gedämpft. Keine Rohkost mehr nach 17 Uhr.
- Lassen Sie möglichst Genussmittel weg, die die Durchblutung im Darm und die Aktivität der Verdauungsdrüsen beeinflussen (Alkohol, Kaffee, Nikotin).
- Leiden Sie an Verstopfung, beheben Sie sie notfalls mit einem Einlauf, verzichten Sie aber auf Abführmittel.

Die strengere Variante, die Milch-Semmel-Kur, sollten Sie nur nach genauer Anweisung durchführen.

TIPP 61 Haltung und Atmung – ein unzertrennliches Paar

Zum Wohlfühlen muss auch die Atmung stimmen. Glücklicherweise wird sie durch willensunabhängige Nerven gesteuert, sodass Sie nicht jeden Atemzug bedenken müssen. Dennoch lohnt es sich, von Zeit zu Zeit auch mal ans Atmen zu denken.

Grob lassen sich zwei Atemtypen unterscheiden: die Brust- und die Bauchatmung. Die Brustatmung ist die Sorte Atmung, die der Terminator oder ein ähnlicher Muskelprotz als Imponiergehabe einsetzen: Bauch rein, Brust raus, Lungenflügel gebläht, dass der Brustkorb sich weitet. Bei der Bauchatmung dagegen ist von außen hauptsächlich zu beobachten, dass sich der Bauch vorwölbt. Wer ganz entspannt atmet, verwendet überwiegend die Bauchatmung. Einschnürende Kleidung wie knappste Stretch-Jeans verhindern sie. Kommt eine schlaffe, gebeugte Haltung hinzu, dann funktioniert auch die Brustatmung nicht vernünftig. Als weitere Folge wird u.U. der Kreislauf labil, sodass sich der betroffene Mensch ständig hundemüde fühlt – das strafft nun keineswegs die Figur! Auch Ihrer Atmung zuliebe sollten Sie daher für eine gute Haltung sorgen, und die erreichen Sie am besten durch regelmäßige Bewegung. Wer keine Lust hat, ins Fitnessstudio zu gehen, beim Jogging ständig in Hundehäufchen tritt und beruflich auch nicht sehr auf Trab kommt, könnte sich einen Stepper zulegen, der kostet nicht viel und braucht wenig Platz.

Ist der Bauch gar zu gut gefüllt oder völlig schlapp, funktioniert die Bauchatmung nicht gut, denn die statischen Verhältnisse kommen ins Ungleichgewicht. Ein zu großer Bauch verdrängt alles nach oben, sodass die Lungen zu wenig Platz haben.

TIPP 62 Die Bänder halten nicht alles

Eine völlig »haltlose Haltung«, bei der sämtliche Formgebung scheinbar den umgebenden Textilien und Möbelstücken aufgebürdet wird, belastet Bänder und Gelenke, denn sie sind es, die in Wirklichkeit den Körper zusammenhalten. Entlasten Sie diese wertvollen Strukturen, indem Sie »locker« bleiben. Beim Stehen die Knie nicht durchdrücken, sondern halten Sie – wie die Statuen der Barockzeit – immer ein Knie angewinkelt. So vermindern sich Hohlkreuz und Hängebauch. Sie sehen diese Haltung beispielsweise bei Barkeepern, die immer einen Fuß auf einer Fußstange aufgestützt halten. Wechseln Sie »Spiel- und Standbein« häufiger ab!

Entspannung und Psychologisches

Ein flacher Bauch – um jeden Preis? Auf keinen Fall – besonders Frauen unterliegen sowieso oft viel zu sehr einem ruinösen Stress wegen ihres Aussehens und ihrer Figur. Wie Sie sich pudelwohl fühlen, ganz so, wie Sie sind, und dabei auch schöner werden, erfahren Sie in diesem Kapitel.

TIPP 63 Übermorgen einen flachen Bauch?

So etwas gibt es alles: Gedruckte Verheißungen wie »Weg mit dem Bauch in vier Wochen, in fünfzehn oder – alles andere unterbietend – fünf Tagen«. Lediglich die Variante »knackiger Bauch in x Stunden« habe ich noch nicht gesehen.

Vergessen Sie es. Das Programm, das Ihnen in fünf Tagen zu einem straffen, festen Bauch verhilft, wenn er heute etwas entkräftet an Ihnen hängt, das gibt es nicht. Ein 15-Tage-Programm kann schon eher den einen oder anderen Millimeter Taillenumfang beseitigen, aber das Versprechen, dass Sie 15 Tage an sich arbeiten, um dann für die restlichen fünfmal 15 Jahre Ihres Lebens mit Wespentaille herumzulaufen, kann natürlich niemand geben.

Wenn Sie also ein bestimmtes Datum in ganz naher Zukunft anpeilen, zu dem Sie einfach top aussehen wollen, dann bereiten Sie sich auf dieses Ereignis lieber mental vor und gehen Sie außerdem rechtzeitig umwerfende Klamotten kaufen, die Ihnen exakt so passen, wie Sie jetzt sind. Das ist besser, als sich mit einem rigorosen Programm zu stressen. Oder investieren Sie in einen Besuch bei der Kosmetikerin, denn Ihr Gesicht werden Sie kaum verhüllen wollen. Den Bauch verstecken Sie locker unter einem raffinierten Kleidungsstück (falls es indessen ein Date ist, bei dem Sie keinesfalls die ganze Zeit über den Bauch zu verhüllen gedenken, dann können Sie mit dem Bauchstraffungsprogramm ja trotzdem einmal anfangen. Ansonsten holen Sie sich aber Informationen ein, was Ihren Date-Partner besonders verrückt machen könnte; er wird dann kaum auf Ihren Bauch achten).

TIPP 64 Wie Sie es brauchen – Kneippen regt an oder entspannt

Wasseranwendungen mit Kalt- und (oder) Warmreizen, bekannt als »Kneippen«, regen den Stoffwechsel an, trainieren auf der anderen Seite aber auch die Fähigkeit, rasch zu entspannen und auf jegliche Art von Reizen angemessener zu reagieren. Für einen straffen Bauch ist vor allem von Vorteil, dass die »Spannkraft« steigt und das nervale Gleichgewicht in der stressanfälligen Bauchregion stabilisiert wird.

Anregende Kneipp-Maßnahmen – wie kräftiges Trockenbürsten, Wechselgüsse, ein kaltes Armbad – erfrischen, bewirken als Gegenreiz aber auch eine angenehme Entspannung. Wenn Sie regelmäßig solche Anwendungen machen, kann bald das süße Schnittchen zur Stimmungsaufhellung entfallen – Sie sorgen auf andere (figurgünstigere) Art für Ihr Wohlbefinden. Nebenbei tun Sie etwas für Ihre Abwehrkräfte.

TIPP 65 Trockenbürsten – was ist das?

So lange den Bauch bürsten, bis er weg ist? Das geht natürlich nicht. Mit Trockenbürsten bringen Sie aber Ihren Kreislauf auf Trab und werden so wunderbar angeregt und erfrischt. Das weckt die Lust auf Bewegung, statt für den Rest des Tages träge in Polstern zu versinken. Die kräftigen Streicheleinheiten sind daneben dazu angetan, die Aufmerksamkeit für den Körper wieder etwas mehr zu wecken.

Sie brauchen eine nicht zu harte Körperbürste. Wenn Sie Kunststoffborsten wählen, achten Sie auf abgerundete Spitzen. Ein Stiel ist nützlich, damit Sie an den Rücken kommen, ein Griffband, damit Ihnen das Gerät nicht dauernd aus der Hand fällt.

Über die Hautkontaktstelle zwischen innen und außen wird der ganze Körper angeregt.

Sie bürsten nun die Haut beherzt ab. Fangen Sie am rechten Fuß an und bürsten Sie das ganze Bein hoch bis zur Leiste. Dann folgen das linke Bein, der rechte Arm, der linke Arm. Bauch, Rücken, Po, Nacken – alle Partien wollen in die Massage einbezogen werden. Zehn Minuten sollten es schon sein; am besten bürsten Sie, bis eine kräftige Rötung eingetreten ist.

Falls Sie vorher duschen, achten Sie bitte darauf, dass die Haut wieder ganz trocken ist. Im Anschluss an die Massage ist die Haut besonders aufnahmefähig für eine duftende Lotion.

TIPP 66 Durch Bauchtanz ein neues Körpergefühl

Der Kopf ist der Sitz des Geistes, der Bauch der Sitz der Gefühle. Damit ist der Bauch ein ganz wichtiges Zentrum. Wohl dem, der aus dem Bauch heraus die richtigen Entscheidungen fällt, weil er (sie) ganz mit sich im Einklang steht. Und weil die Gefühlswelt »im Bauch« sitzt, sollten Sie auch nicht allzu rigoros mit diesem Körperteil umgehen, sonst verlieren Sie noch den Kontakt zu Ihren tieferen Empfindungen.

Der Bauch kann sehr schön sein. Die Mode rückt ihn zurzeit in den Mittelpunkt, mit nabelfreien Tops und tiefgerutschtem Hosenbund. Sich so zu präsentieren, können sich allerdings fast nur junge Frauen leisten. In anderen Kulturen wird die Sinnlichkeit eines schönen Bauches aber auch von reiferen Frauen gefeiert – mit dem Bauchtanz. Tanzen, aus dem Bauch heraus – das führt Körper und Seele zusammen. Fragen Sie an Ihrem Ort nach einem Bauchtanz-Kurs. Ein intensiveres Gefühl für die Verbindung Körper, Seele und Geist gewinnen Sie aber auch mit Techniken wie T'ai Chi (chinesisches »Schattenboxen«), Yoga, Chi Gong oder – wenn Sie es weniger exotisch möchten – mit Autogenem Training. Vor allem bei nervösen Magen-Darm-Beschwerden sollten Sie die Ruhe kennen lernen, die sich durch solche Verfahren im Bauch ausbreiten kann.

TIPP 67 Nabel piercen – oder lieber Tattoos?

Vom Piercing wird der Bauch nicht flach, und auch nicht von Tattoos. Vor allem Letztere helfen aber, die Motivation für die Arbeit an Ihrer körperlichen Mitte zu steigern. Bleibende Tattoos und Piercings kann ich zwar nicht empfehlen, aber ein Henna-Tattoo oder eines zum Aufkleben (wenn Sie nicht zu Allergien neigen) bekommen Sie heute überall.

TIPP 68 Entspannung für das Gleichgewicht

Für die eher pragmatischen Leute, die sich nicht gern tief ins Gebiet der Esoterik und Psychologie vergraben, noch einige Argumente für die Entspannung als Hilfe gegen einen unschönen Bauch. Alle Schritte beim Verdauungsprozess, von der Durchblutung über die Nervenimpulse, die Darmbewegungen auslösen bis zur Sekretion der verschiedenen Drüsen, werden vom willensunabhängigen (autonomen) Nervensystem gesteuert. Trotzdem kann es nicht völlig losgelöst vom Willen arbeiten. Sie können willentlich Ihren Terminplan koordinieren und bewusst die

Zeit für Mahlzeiten knapp halten. Sie können sich den Gang zur Toilette verkneifen und damit in das empfindliche Reflexgeschehen eingreifen. Sie können Müdigkeit mit der Kippe oder einem doppelten Espresso verjagen. Bei allen diesen Aktivitäten hat der Teil des Nervensystems, der für Regeneration und Aufbau körpereigener Substanz zuständig ist, das Nachsehen.

Umgekehrt gilt Ähnliches. Wenn Sie sich selten zu Betriebsamkeit aufraffen, jeder Schritt und Handgriff zu viel ist, stellt sich das Gleichgewicht nur noch auf Regeneration und Aufbau körpereigener Substanz ein. Die Zugänge zum Fettgewebe werden doppelspurig ausgebaute Autobahnen ohne Zurück. Ganz wichtig für das innere Gleichgewicht (das sich nach außen als harmonischerer Körper zeigt) ist daher der stete Ausgleich zwischen Anspannung/Anforderung und Entspannung/Erholung. Sie können dabei ruhig drei Tage lang als Wirbelwind durch die Gegend quirlen, aber dann muss auch ein in vollen Zügen genossener Gammeltag sein. Jeder braucht unterschiedlich viel Ausgleich. Wie das bei Ihnen ist, sollten Sie selbst herausfinden, und auch die Art, womit Sie am besten entspannen können. Ein Trugschluss ist es, sich durch Essen zu entspannen. Das funktioniert nur, so lange Sie das Essen wirklich genießen und nicht dazu verwenden, Frust in sich hineinzustopfen.

Zeit der Entspannung – Zeit, um auf Signale aus dem Bauch zu hören.

Bei angestauten Aggressionen ist die beste »Entspannung« oft Aktivität – Bewegung, Sport. Ein Aggressionsstau bedeutet, dass in Ihnen Stresshormone zirkulieren, die den Körper auf Angriff oder Flucht vorbereiten. Im modernen Leben agieren Sie beides nicht körperlich aus. Da ist es gut, wenn Sie das in der Freizeit mit einem harmlosen Sport nachholen – Bewegung löst dann Verspannungen, der Stresshormonspiegel wird auf natürliche Weise abgebaut.

Bewegung macht mindestens so euphorisch wie ein gutes Essen.

Entspannen können Sie aber auch auf wirklich ruhige Art. Die Möglichkeiten und Angebote sind heute äußerst vielgestaltig. Sie reichen vom warmen Vollbad mit duftenden Essenzen über Aromalampen oder Partnermassagen zu einem riesigen Angebot an Entspannungskassetten mit Musik aller erdenklichen Stilrichtungen. Ein Hobby, solange es nicht Essen ist, bietet natürlich auch einen Ausgleich und ist möglicherweise sogar bauchstraffend, wie Saxophon spielen. Da Sie sich mit dem Bauch eingehender befassen, hören Sie einmal genau darauf, was er Ihnen sagt: Welche Art der Entspannung bekommt Ihnen am besten? Welche Art der Anregung? Falls Sie als Antwort hören: »die Anregung durch Kaffee, Gin & Tonic, Fluppen und Tatort«, dann war es nicht Ihr Bauch, der sprach!

Ist ein flacher Bauch käuflich?

Nichts essen, sich in der Gegend abstrampeln – ist doch alles kein Fun. Die Industrie verspricht einfache, unangestrengte Lösungen. Was ist davon zu halten? Sie erfahren es wohlüberlegt erst hier am Schluss!

TIPP 69 Kleidung – was ist vorteilhaft?

Wer kann sich schon maßgeschneiderte Kleidung leisten? Aber einen Tipp sollten Sie sich zu Bauche nehmen: gut sitzende Kleidung folgt den Körperkonturen oder überdeckt sie, umspielt sie dabei aber immer auf Abstand. Knallenges macht immer dick. Verzichten Sie auch auf glänzende Stoffe, denn Glanz vergrößert optisch.

Werden Sie misstrauisch, wenn eine nette Verkäuferin in Begeisterungsschreie ausbricht: Nein, sieht das entzückend aus, und dann nehmen Sie noch ein Gürtelchen dazu ... Gürtelchen führen zum Gesamteindruck »zusammengezurrtes Paket, fällt gleich auseinander«. Leggings bei rundem Bauch, kombiniert mit engem T-Shirt, sehen aus, als ginge man aus Versehen in Rheumawäsche spazieren. Günstig sind Schulterpolster (bitte nicht übertreiben, sonst bekommen die Männer das Grausen), V-Ausschnitte oder Fledermausärmel. Dunklere, eher unauffällige Farben sind besser als Riesenkaros in greller Neon-Optik, lange unifarbene Kleider machen aus Ihnen eine hoch gewachsene Erscheinung, selbst wenn Sie nicht allzu groß sind. Erregen Sie Aufmerksamkeit am besten mit interessanten Accessoires – einem Seidentuch, einer extravaganten Handtasche oder schicken Schuhen. Blusen oder Kleider in Doppeloptik sind ebenfalls günstig, um von einer rundlichen Mitte abzulenken.

TIPP 70 Was Trimmgeräte wirklich bringen

Da der Bauch offensichlich landesweit eine ziemliche Problemzone darstellt, sind Bauch-Weg-Geräte ein Renner. Manche dieser Apparaturen erleben einen Riesenboom. In kurzer Zeit sind die »Wunder« wieder weg vom Markt, um anderen Erfindungen Platz zu machen (womit gleichzeitig auch im Portemonnaie wieder Platz geschaffen wird).

Manche Geräte sind ebenso rückenschädlich wie die Klappmesserübungen. Die Gefahr, sich einen Schaden zuzulegen, steigt, wenn das Gerät die Kraft auf Gelenke, Bänder und Muskeln durch Hebelkraft verstärkt. Einige Geräte trainieren auch gar nicht die Bauchmuskulatur. Am besten sammeln Sie erst einmal Erfahrung mit Geräten im Fitnessstudio (Sie können Probestunden vereinbaren), und wenn Sie denken, dass Ihnen Trimmgeräte bei Ihrem Bauchproblem weiterhelfen, lassen Sie sich gut beraten. Versuchen Sie aber auf jeden Fall erst einmal die Kombination Ernährung – Haltungsverbesserung – mehr Bewegung – gezielte Gymnastik ohne Gerät.

Geräte können sehr effektiv sein, müssen aber überlegt eingesetzt werden.

TIPP 71 Völlig entspannt Muskeln straffen?

Auch diese Möglichkeit existiert: während Sie gemütlich im Sessel lungern, stimulieren aufgeklebte Elektroden Ihre Muskeln, die nun ohne Ihr Zutun arbeiten und gewissermaßen im Schlaf für eine Topfigur sorgen. Immerhin werden in der Medizin ähnliche Elektrostimulationsverfahren bei bestimmten Lähmungen mit einigem Erfolg eingesetzt. Solche passiven Verfahren können möglicherweise einen Muskelschwund aufhalten, aber sie können nicht mit aktiven Verfahren konkurrieren und die Muskulatur nennenswert aufbauen. Bei den aktiven Verfahren werden viel weitreichendere Reaktionen angestoßen als bei passiver

Erregung der Muskeln. Zudem verschwindet durch das Stimulationsverfahren kein Gramm Fett. Selbst wenn Ihre Muskeln auf mikroskopisch sichtbarer Ebene gestrafft würden, kaschierte die angestammte Fettschicht das Ergebnis weiterhin.

TIPP 72 Massage-Cremes gegen »Problemzonen«?

Nicht nur für die Orangenhaut an den Oberschenkeln, sondern auch für andere »Problemzonen« wie z. B. den Bauch werden Massage-Cremes angeboten. Sie sollen die Körperkontur straffen, indem sie auf das Unterhautgewebe einwirken.

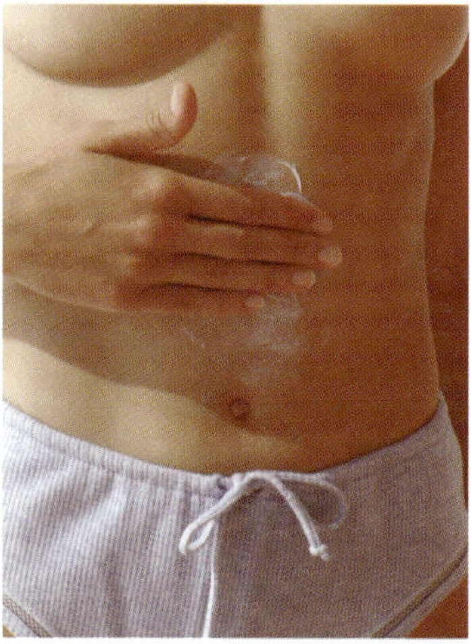

Eine angenehme sinnliche Erfahrung ist das Massieren allemal.

Die Creme in Verbindung mit der Massage kann tatsächlich den Stoffwechsel im massierten Gebiet steigern. Zudem verhilft die Selbstmassage zu einem besseren Kontakt zum eigenen Körper, auch das ist positiv. Sie straffen automatisch während des Massierens die Bauchdecke. Versprechen Sie sich allerdings nicht allzu viel von der Massagecreme allein, sondern betten Sie ihre Verwendung in ein ganzes Selbstverwöhn-Programm (mit mehr Aufmerksamkeit für den Körper und die eigenen Bedürfnisse, zu denen auch Bewegung und nicht dauernd-zuviel-Essen zählen) ein.

Das Trockenbürsten ist eine gute, aber weit weniger kostspielige Alternative (Tipp 65).

TIPP 73 Das gute alte Mieder

Der Bauch soll einfach mal schnell weg, ohne dass Sie einen ganzen Abend lang die Luft anhalten oder ständig an hier einen Beckenschub und dort kein Hohlkreuz denken müssen. Zu einem strahlenden Fest gehört ein strahlender Auftritt, kein Krampf. Versuchen Sie es doch einmal mit einem Mieder. Heute gibt es sehr nette Materialien und Schnitte ohne Mief aus Omas Mottenkiste. Das Mieder erreicht von außen, was gut gekräftigte Muskeln von innen her erledigen: die Form bewahren. Verwenden Sie das Mieder nur nicht zu oft, schon gar nicht regelmäßig. Denn sonst halten sich die eigenen Muskeln sehr schnell für völlig überflüssig und werden schlaffer denn je.

TIPP 74 Fettabsaugen – wenn es so einfach wäre ...

Sie tragen eine Schwarte mit sich herum, die Ihnen wie ein Fremdkörper vorkommt und die Sie lieber heute als morgen los wären. Warum nicht weg operieren lassen? Diese Idee setzen nicht zu wenige Frauen und inzwischen auch immer mehr Männer in die Tat um. Was spricht dafür, was dagegen?

Das Fettgewebe ist leider kein Organ, das nur einmal wächst und dann nie wieder. Wenn Sie ausschließlich am Bauch Fett angesammelt haben, kann der Gedanke an eine Operation nahe liegen, sind aber auch Hüften, Po und Oberschenkel üppig, bringt eine Bauchoperation für das Gesamtbild nicht viel. Wurde das Fett entfernt, sind die Muskeln immer noch so kraftlos wie vorher oder werden sogar noch schlaffer, weil Sie nach der Operation Bandagen tragen müssen.

Eine Lebensweise, bei der Sie Ihren Bauch recht und schlecht selbst in Form halten, hält Sie gleichzeitig jünger. Durch die Operation, immerhin ein Eingriff, der die Regenerationskräfte beanspruckt, wird nur der Bauch etwas flacher. Überdies haust nur ein Teil des Fettes, das den Bauch hervorstehen lässt, in der Unterhaut. Ein weiterer, oft nennenswerter Anteil befindet sich im so genannten »großen Netz«, das ist eine Struktur, die unterhalb der Bauchdecke, in der Bauchhöhle selbst, den Darm abdeckt – und dieses kann man nicht mit einer Operation entfernen!

Vielleicht wird Ihr Bauch durch Gymnastik und Ernährung nicht ganz so plötzlich flacher wie nach der Absaugung von Fett (Liposuktion), aber auf einen ganz flachen Bauch haben ohnehin eigentlich nur Teens und Twens ein Recht. Die anderen sollten es Ihnen gönnen und dafür ihr Recht auf eine »Fettschürze« geltend machen.

TIPP 75 Was es sonst noch alles gibt: Appetitzügler, Schlankheitspillen und Tees zum Abnehmen

Früher suchte man den Stein der Weisen, heute das Wundermittel, das den Appetit abschaltet. Versprochen wird stetes Schlemmen ohne Reue, Schlankwerden beim ungetrübten Völlen. Dieser Wunsch wird von etlichen Anbietern unermüdlich bedient, und die Leute fallen in Scharen auf das herein, was sie – im Mondlicht betrachtet – selbst eigentlich nicht glauben.

Bei Stress, während Sie gerade zum Bus hasten, verspüren Sie keinen Hunger. Das machen die Alarm-Hormone wie Adrenalin. Appetitzügler imitieren diese Stressreaktion und dämpfen dadurch den Appetit. Dafür müssen Sie die Nebenwirkungen des imitierten Stress-Hormons, beispielsweise Herzklopfen und Nervosität in Kauf nehmen. Auf die Dauer können sich bleibende Schäden, u. a. an den Blutgefäßen in der Lunge, einstellen. Das Risiko ist also recht hoch. Prüfen Sie außerdem, ob Sie wirklich aus Hunger essen, oder doch eher, weil Sie gerade die Fresslust überfällt. Solche überzählig aufgenommenen Kalorien bekommen Sie durch Appetitzügler nie weg.

Weitere *Schlankheitspillen* sind mehr oder weniger verkappte Abführmittel. Die machen auf Dauer nicht schlank, sondern münden wegen des Gewöhnungseffekts in Darmträgheit. *Entwässernde Tabletten* nutzen bei Herz-, Nieren- oder Blasenleiden etwas. Für das Abnehmen bringen sie nichts außer einem kurzen Gewichtsverlust durch Wasserausscheidung. Übersteigt die Ausscheidung das natürliche Maß, bekommen Sie Durst und gleichen so den Effekt des »Schlankheitsmittels« aus.

Das Wundermittel, ob Tee oder Pille, wurde noch nicht entdeckt.

Schlankheitstees enthalten entweder Coffein, das ebenfalls adrenalinähnlich wirkt, das Sie aber in gewöhnlichem Kaffee oder Schwarztee billiger bekommen. Pu-Errh-Tee konnte im Alltag seine schlankmachenden Wirkungen nicht unter Beweis stellen. Mate, ein südamerikanischer Tee, enthält ebenfalls Coffein, aber keinen Grund, schlanker zu machen als sonst ein Getränk.

Formula-Diäten, also Pulver, die Sie zu Shakes oder Cremes anrühren, sind bilanziert und haben den Vorteil, dass Sie sich einfach und schnell etwas mixen können, das Sie wenigstens mit den wichtigsten Eiweißen, Fetten, Kohlenhydraten, Vitaminen und anderen Nährstoffen versorgt, die Sie brauchen, wenn Sie über längere Zeit fasten. Einige verwenden Molkepulver, einige enthalten geheimnisvolle Kräuterzusätze, wieder andere wollen durch ihre Zusammensetzung den Stoffwechsel so phänomenal anheizen, dass Sie um ein Mehrfaches mehr abnehmen, als bei völliger Nulldiät. Sind diese

Pulver teuer, rate ich Ihnen vom Kauf ab. Bilanzierte, also Formula-Diät, kann heute zu einem vernünftigen Preis hergestellt werden und das Abnehmen erleichtern, wenn es in einen sorgfältigen Ernährungs-Aufbau-Plan eingebaut wird. Ansonsten bleiben Sie Wunderversprechungen gegenüber bitte sehr skeptisch.

TIPP 76 Sie sind toll, so wie Sie sind!

Wenn Sie Ihren Bauch trotz allen heißen Bemühens nicht ganz so hingetrimmt bekommen, wie Sie es sich wünschen – macht nichts. Sie haben doch noch viel mehr Qualitäten. Gut, die erkennt man nicht alle auf den ersten Blick, aber Sie sind es wert, dass Ihre Bekannten und Freunde sich etwas Zeit nehmen, die zu entdecken und Sie nicht nur auf die Form Ihres Bauches reduzieren. Tun Sie für Ihren Bauch also im vernünftigen Rahmen etwas Gutes, denn die Trias Ernährung – Bewegung – Haltungsverbesserung bekommt Ihrer ganzen Vitalität. Lassen Sie aber bitte nicht zu, dass die Idee »Waschbrettbauch« zu viel Raum zugemessen bekommt und an Ihrem Selbstwertgefühl kratzt! Und vergessen Sie eine Vokabel: »Problemzone«. Da gibt es wirklich andere und wichtigere Probleme.

TIPP 77 Und jetzt: machen!

Leider, leider – vom Lesen allein wird der Bauch nicht flacher. Also – Ärmel hochgekrempelt und sofort einige Tipps realisieren. Notieren Sie sich gleich hier einmal Ihre Lieblings-Tipps:

Tipp Nr.	Seite